Corpo em evidência

Francisco Ortega
Rafaela Zorzanelli

Corpo em evidência

ORGANIZADOR DA COLEÇÃO
Evando Nascimento

CIVILIZAÇÃO BRASILEIRA

Rio de Janeiro
2010

Copyright © Francisco Ortega, 2010
© Rafaella Zorzanelli, 2010

PROJETO GRÁFICO DE MIOLO E CAPA
Regina Ferraz

CIP-BRASIL. CATALOGAÇÃO-NA-FONTE
SINDICATO NACIONAL DOS EDITORES DE LIVROS, RJ

O88c   Ortega, Francisco, 1967-
         Corpo em evidência : a ciência e a redefinição do humano / Francisco Ortega, Rafaela Zorzanelli. – Rio de Janeiro : Civilização Brasileira, 2010.
         (Coleção contemporânea : Filosofia, literatura e artes)

         Inclui bibliografia
         ISBN 978-85-200-1004-4

         1. Corpo humano. 2. Medicina. 3. Corpo e mente. 4. Inovações médicas. 5. Pós-modernismo – Aspectos sociais. I. Zorzanelli, Rafaela. II. Título. III. Série.

10-3851

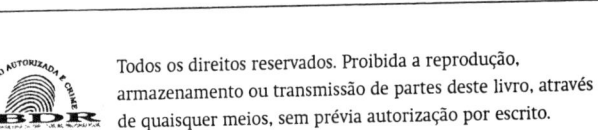

CDD: 306.4
CDU: 316.7

Todos os direitos reservados. Proibida a reprodução, armazenamento ou transmissão de partes deste livro, através de quaisquer meios, sem prévia autorização por escrito.

EDITORA AFILIADA

Texto revisado segundo o novo Acordo Ortográfico da Língua Portuguesa.

Direitos desta edição adquiridos pela
EDITORA CIVILIZAÇÃO BRASILEIRA
Um selo da
EDITORA JOSÉ OLYMPIO LTDA.
Rua Argentina 171 – 20921-380 – Rio de Janeiro, RJ – Tel.: 2585-2000

Seja um leitor preferencial Record.
Cadastre-se e receba informações sobre nossos lançamentos e nossas promoções.

Atendimento e venda direta ao leitor:
mdireto@record.com.br ou (21) 2585-2002

Impresso no Brasil
2010

*Há mais razão em teu corpo
do que em tua melhor sabedoria.*

Friedrich Nietzsche

Sumário

Introdução — 9

1. O corpo e sua visualização na medicina — 15

2. A saúde como salvação: contexto cultural de ascensão do corpo como valor na contemporaneidade — 63

3. Vírus, genes, cérebro e outros reducionismos na contemporaneidade — 97

4. O corpo apesar das tecnologias: novas formas de sofrimento e o dilema psicossomático — 123

Conclusão — 177

Bibliografia — 181

Introdução

Participamos de um processo abrangente de redescrição dos limites de nossos corpos, impulsionado pelas tecnologias da ciência médica. As imagens de membros, músculos, cirurgias, tecidos e cérebros são presença constante nas revistas semanais e nos programas televisivos, bem como na internet, informando-nos sobre o espantoso nível de conhecimento a que chegamos a respeito de nossa visceralidade. Somos bombardeados pelas novidades biotecnológicas que não param de surgir, oferecendo novas possibilidades para os corpos: o congelamento de óvulos expande os limites da gestação, o transplante de face recupera a possibilidade de convívio social dos pacientes, as próteses restauram funções perdidas e instauram novas aspirações estéticas. Diante desse panorama, não é possível, no atual momento do desenvolvimento da ciência médica, falar de nossos corpos sem recorrer ao vocabulário da medicina.

A partir do século XV desenvolve-se a cultura da dissecação e a anatomia patológica, bem como a produção e o aperfeiçoamento de aparatos tecnológicos de exploração do interior do corpo. As máquinas passam a fazer parte daquilo que sabemos sobre nossos corpos e do quanto podemos modificá-los. É a partir desse enlace com as tecnologias médicas que o corpo é pensado como sujeito e objeto, como saudável ou perturbado, redefinindo os limites históricos para julgar o que é normal ou patológico.

Se a ciência médica se transformou em um dos mais destacados guias de leitura do corpo é porque tem oferecido algumas respostas aos anseios e questionamentos sócio-históricos colocados pelo tempo em que vivemos. O esforço para vencer doenças e adiar a hora da morte, sobretudo a partir do século XIX, impôs uma demanda social de cuidados com a saúde, à qual a anatomoclínica e o desenvolvimento de instrumentos e tecnologias biomédicas responderam com significativa eficácia. Mas a despeito do alto grau de desvendamento que a ciência médica alcançou, o corpo continua misterioso e, em certo sentido, insondável, impondo mais perguntas a serem desvendadas na direta proporção do quanto mais sabemos sobre ele.

O intuito deste livro é posicionar algumas questões que perpassaram o processo de tomada do corpo como objeto de descrição médica. O primeiro capítulo tem como foco o papel da visualização médica na construção de nossas concepções de doença vigentes. A dissecação de cadáveres, o desenvolvimento de tecnologias e aparelhos de medida fisiológica, os critérios de objetividade das ciências naturais, o aperfeiçoamento de métodos de visualização do interior corporal, desde os raios x até as atuais imagens cerebrais, os efeitos de inquestionabilidade produzidos pelas imagens do corpo sobre aqueles que as veem. Esses temas que percorreremos nos permitem construir um breve panorama do estatuto da visão na medicina do Ocidente e de seus desdobramentos sobre nossas atuais formas de conceber a saúde.

O segundo capítulo é dedicado a analisar o solo sobre o qual se assenta, na contemporaneidade, a emergência de certos fenômenos: passamos a definir aspectos-chave da subjetividade em termos biomédicos; as biotecnologias passam a oferecer meios de suplência anatomofisiológica para o corpo humano, criando formas híbridas de corporeidade; os corpos ideais são mesclas de artifício e natureza. Sob o fundo de uma cultura que suscita ideais de saúde e longevidade, o manejo dos limites do corpo e as possibilidades de aperfeiçoá-lo passam a ser valores almejados e guias de conduta para a vida dos indivíduos.

Esse rol de processos é compreendido como modulações biopolíticas, isto é, como nuances nos modos como os fenômenos próprios à vida da espécie humana são utilizados no campo das técnicas políticas. As vicissitudes contemporâneas apontam para a emergência de formas de cidadania biológica e informacional. Nesse contexto, os limites entre normalidade e patologia são remanejados, à luz das novas possibilidades corporais e relacionais que vivenciamos.

Um dos ingredientes destacados no manejo das novas relações entre normalidade e patologia é a noção de risco, que orienta muitas das práticas que desenvolvemos em relação à nossa saúde e à de terceiros. Evitar a todo custo os riscos potenciais à saúde que nossos hábitos, nosso estilo de vida ou nossa herança biológica nos impõem torna-se um imperativo que cada um deve seguir. Surgem, nesse contexto, modelos de subjetividade que produzem a obrigação individual de calcular escolhas e a responsabilização por cada uma delas.

No seio dessa cultura em que o corpo vira um signo da identidade, alguns atores ganham destaque especial: vírus, genes, cérebro sobressaem como agentes potenciais das doenças e, sobretudo, como esperança de seu desvendamento — esse é o tema do terceiro capítulo. As explicações reduzidas ao corpo parecem oferecer respostas suficientes e convincentes para as perguntas sobre a causa de certas doenças, gostos e comportamentos humanos. E o cérebro é um dos protagonistas desse processo. Não é sem motivo que as neurociências, particularmente a partir de 1970, estendem seu campo de pesquisa das doenças e dos processos biológicos para os comportamentos dos indivíduos. Uma retomada nos caminhos seguidos por esse campo de saber nos permite situar o contexto de ascensão da ideia de que o cérebro é um agente determinante de características do agir humano, desde seu aspecto saudável até o patológico. Tamanho é o seu poder de convencimento sobre o imaginário coletivo que novos territórios do saber têm emergido pela articulação — ainda que controversa — entre as neurociências e as ciências humanas.

Apesar dos extremos avanços biotecnológicos alcançados, o corpo permanece um dilema para a ciência: há uma gama de novas síndromes com "sintomas medicamente inexplicáveis", para as quais não se alcança uma elucidação suficiente, a despeito dos exames que oferecem extremas possibilidades de visualização — é esse o tema do capítulo final. Um exemplo a ser explicitado é o das "síndromes funcionais", tais como a fibromiálgica, a da fadiga crônica, a do cólon irritável — bem como as relações dessas síndromes com o que a história médica denominou de doenças psicossomáticas. Apresentando uma riqueza de sintomas que ainda resistem à decifração médica, essas condições patológicas convocam a clínica para novas abordagens terapêuticas e de diagnóstico.

Os pacientes que padecem dessas doenças vivenciam os desdobramentos de serem portadores de condições que não respondem plenamente aos critérios de objetividade médica. Em um contexto de incentivo à gestão da própria saúde e ao autocontrole, os pacientes são considerados "sem força de vontade" e pouco engajados em sua melhoria. No intuito de se confrontar com a falta de legitimidade dessas doenças controversas, seus portadores e cuidadores reúnem-se em grupos e associações virtuais para trocar informações e partilhar lutas comuns. O papel das tecnologias comunicacionais é determinante na construção de formas de biossociabilidade. Estamos diante de um novo estilo de ativismo, organizado em torno da vida como valor biológico e da esperança de desenvolver curas ou tratamento para condições patológicas.

O livro explora a permeabilidade das ideias científicas e das tecnologias médicas no modo como o indivíduo comum experimenta sua corporeidade, tomando como foco os diferentes meios pelos quais o corpo tem sido colocado em evidência na sociedade contemporânea.

Capítulo 1
O corpo e sua visualização na medicina

As vantagens diagnósticas de ver

O filme de ficção científica *Viagem fantástica (Fantastic Voyage)*, exibido com frequência na Sessão da Tarde da TV Globo na década de 1980, constituiu parte do imaginário de uma geração de crianças e adolescentes. A película americana de 1966, dirigida por Richard Fleischer, narra a saga de uma equipe médica que, para salvar um diplomata americano ferido em um ataque terrorista, foi miniaturizada dentro de um submarino e injetada em sua corrente sanguínea. O objetivo era chegar ao cérebro do paciente e destruir um tumor cerebral.

A cena em que a equipe adentra o corpo do diplomata é emblemática — os cientistas céticos se deslumbram com os mistérios insondáveis da fisiologia humana, vistos a olhos nus. Esse fascínio é muito bem resumido pela fala de um dos integrantes da equipe, diante da sua primeira impressão do corpo humano: "Os filósofos medievais estavam certos. O Homem é o centro do universo. Estamos no meio do infinito, entre o espaço interno e o sideral. E não há limites para ambos." O mais surpreendente é que aquele corpo inerte e anestesiado se revelaria um território de perigos e aventuras para a equipe.

O encanto que essa viagem fantástica exerce sobre nós diz respeito à possibilidade de conhecer e intervir cientificamente em partes outrora inacessíveis de nossos corpos. O filme ilustra como o desenvolvimento da medicina ocidental permitiu, em um tempo curto, que ideias médicas saíssem do registro da ficção científica para alcançar a realidade, possibilitando o acesso aos cantos recônditos do corpo, por meio de instrumentos e procedimentos biomédicos. O fascínio por desbravar a visceralidade e os mistérios do que ocorre abaixo do limite visível do nosso corpo tem marcado os gestos da medicina científica. O sentido dessa exploração está além de sua evidente eficácia diagnóstica e terapêutica, sendo também uma tentativa de lidar com o desconhecimento dos processos fisiológicos que têm lugar no corpo humano.

O uso de instrumentos que possibilitassem o escrutínio do corpo foi uma condição imprescindível desde o século XVIII para o desenvolvimento das explorações médicas, que culminariam nos alcances da medicina na contemporaneidade. Quase não podemos mais descrever nossos corpos e interagir com os avanços médicos sem esbarrar nas inúmeras técnicas de visualização e de acesso ao corpo. É quase impossível que não nos tenhamos submetido a alguma delas ou que não conheçamos alguém que as tenha utilizado. Das sinusites às esquizofrenias, passando pelos ossos quebrados, as tecnologias de acesso ao espaço interior do corpo se oferecem como instrumentos diagnósticos e terapêuticos importantes: raios x, ultrassonografias, tomografias, ressonâncias magnéticas, videolaparoscopias, dentre outras.

A difusão de práticas de imageamento corporal pelo imaginário cultural decorre, dentre outros fatores, de sua razoável popularidade em jornais, revistas, programas de televisão, filmes e internet. As imagens de membros, músculos, cirurgias, tecidos e cérebros são presença constante nos periódicos e programas semanais, acompanhadas de breves explicações acessíveis ao público.

Uma retrospectiva histórica nos permite observar que desde o século XV diversas tecnologias foram produzidas para permitir o acesso ao interior do organismo. Mais do que revelar suas camadas internas e obscuras, essas técnicas mediaram a percepção que construímos sobre o nosso corpo. A história da anatomia e das técnicas de visualização médica testemunha a direta relação da visualidade com a produção de verdades científicas sobre o corpo. O papel da visualização na construção social e cultural das doenças tornou-se parte da vida moderna e as imagens médicas lentamente foram assumindo uma relação autoevidente com as patologias, como se revelassem as doenças por si mesmas.

Os métodos de visualização se baseiam na crença de que o objeto representado está sendo diretamente acessado como ele realmente é. Então, se o especialista vê um padrão de ativação sanguínea alterado no exame funcional do cérebro, cremos que se trate de um achado inquestionável que, muito provavelmente, pode ser traduzido em alguma forma patológica. Pouco nos perguntamos sobre o contexto científico e cultural que oferece o solo de produção dessas imagens. Mais do que mostrar de um modo supostamente realístico nosso interior, essas tecnologias afetaram nossas visões sobre os corpos, os modos como concebemos o processo de saúde e de doença e a ideia que fazemos do que deve ser a intervenção terapêutica.

A crença comum no progresso da ciência médica tem se assentado na confiança no olho mecânico: supomos que melhores instrumentos de imageamento levarão a mais conhecimento, resultando em mais curas — o que encurta o caminho entre visualização e diagnóstico. Ver torna-se imprescindível para que se possa encontrar um remédio para os males e cada nova técnica parece desvelar algum segredo da fisiologia humana.

Uma das consequências disso é que se as máquinas não veem alterações, nada parece estar acontecendo na saúde do paciente. De forma contrária, se alguma alteração se mostra nos resultados imagéticos, mesmo sem que estejamos sentindo algo, é sinal de que devemos suspeitar da saúde aparente. Nossa visão de saúde e doença tem sido fartamente descrita a partir do modelo da biomedicina, apoiado em concepções genéricas do processo saúde-doença e na produção de evidências anatomopatológicas e etiopatogênicas, supostamente elucidáveis por meio da objetividade das tecnologias.

Interessa-nos compreender o papel das tecnologias de visualização médica na construção social e cultural das doenças. Essas técnicas se baseiam, sobretudo, no ideal de um corpo transparente. O mito da transparência se assenta sobre duas ideias: a de que ver é um passo imprescindível para curar; e a de que olhar dentro do corpo é uma atividade inocente e sem consequências. Por meio das imagens, supõe-se que seja possível revelar o interior do corpo de um modo realístico e quase fotográfico, em que cada novo instrumento produz quadros mais precisos das patologias que estão abaixo da pele. Esse ideal é construído pela articulação entre instrumentos médicos, tecnologias midiáticas, convenções e normas sociais e reflete noções de progresso e racionalidade sustentados por aspirações biomédicas.

No entanto, se um leigo observar o resultado de um exame de raios x, a não ser no caso de alterações muito gritantes, não saberá decifrá-lo. Tampouco, caso observemos o resultado de uma ressonância magnética funcional de um cérebro, não saberemos interpretar quase nada além do óbvio formato do crânio humano e das diferenças nas escalas de cores. O corpo visualizado em seu interior é tudo menos transparente, pois sua complexidade foi acirrada pelos métodos que o tornaram mais visível.

Pretendemos apontar com isso que um corpo desvelado por essas tecnologias não significa que esteja mais acessível à compreensão de todos. Se o corpo se tornou mais visível em sua interioridade, tornou-se tecnologicamente mais complexo: quanto mais se vê por meio de lentes e parâmetros variados, mais complicada se torna a informação visual alcançada e o próprio objeto visto. Além disso, o acesso a informações sobre o interior do corpo cujo valor clínico ainda não está totalmente esclarecido pode levar a escolhas difíceis e dilemas. Por exemplo: um paciente deve ser informado de que aparecem nos resultados de seus exames estruturas cerebrais acima ou abaixo do tamanho médio, mesmo que a literatura médica pouco saiba sobre o valor patológico dessas alterações?

Abordaremos alguns pontos significativos na história do desenvolvimento dos instrumentos de visualização corporal, como o deslocamento da confiança nos sentidos do médico e no relato do paciente para a confiança nos instrumentos. Daremos ênfase ao processo de construção de instrumentos na história das tecnologias de acesso ao interior corporal, até chegar ao campo mais recente das neuroimagens.

Primórdios do privilégio da visão na medicina

A dissecação de cadáveres como forma de produção de conhecimento médico caracteriza a construção da racionalidade biomédica ocidental. Quando falamos de racionalidade biomédica, estamos nos referindo a um corpo teórico constituído por dimensões como a doutrina, a morfologia, a dinâmica vital, o sistema diagnóstico e o sistema terapêutico (Luz e Camargo Jr., 1993). Em outras tradições médicas, como na medicina chinesa, na medicina *ayurveda* indiana, na medicina *unani* árabe ou mesmo na medicina grega arcaica, a anatomia não constitui a fonte primordial de conhecimento sobre o corpo.

Os gregos da época de Homero, por exemplo, sequer possuíam uma noção de corpo como uma unidade organizada. O corpo era sentido de forma fragmentada, como um agregado de membros e articulações. Apenas o corpo-cadáver possuía individualidade e estrutura de um todo. A falta de aspectos que distinguissem a individualização corporal fazia com que os aspectos somáticos estivessem vinculados às relações sociais. Dessa forma, era impossível demarcar as diferenças entre doenças individuais e coletivas.

Se comparada a Homero, a tradição hipocrática já concebia uma noção de corpo unificado. Graças à prática da dietética, reservada para doenças internas, e à prática cirúrgica, exclusiva das doenças externas, os médicos adquiriram familiaridade com o corpo humano. O corpo cirúrgico, no entanto, permanecia um objeto de superfície, não sendo propriamente um corpo anatômico, com o sentido que o conhecemos na atualidade.

É importante notar que os conhecimentos morfológicos e a precisão das descrições anatômicas não bastaram para desenvolver a anatomia do interior do corpo. Na concepção de Hipócrates, não havia lugar para a prática de dissecação. A preocupação extrema com a dignidade do corpo não permitia sua anatomização, explicitamente proibida pelo juramento hipocrático. Havia, além disso, tabus religiosos que recaíam sobre o cadáver e também colaboravam para impedir a atividade anatômica.

Essa atitude mudaria a partir do século IV a.C., devido à influência do pensamento platônico, que dissociava radicalmente a alma do corpo, diferenciando o homem vivo de seu cadáver. A partir daí, passava a não haver tanto impedimento para o estudo do corpo, pois ele se tornava, depois da morte, um objeto físico sem direitos nem sentimentos. Antes disso, o escrutínio do interior corporal não entrava no âmbito do possível. Essa mudança na percepção abriu caminho para as primeiras dissecações humanas praticadas em Alexandria no século III a.C. (Annoni e Barras, 1993).

Nesse momento, existiam duas técnicas de investigação: a dedução de morfologia interna a partir da observação externa do corpo e a inferência da morfologia humana a partir da morfologia animal, a partir de dissecações e vivissecções. Isso levou, no caso de Aristóteles — defensor da anatomização de animais —, a descrições anatômicas profundamente errôneas. Mas por que a anatomia não vingou desde então?

Desde os textos da Coleção Hipocrática (*Corpus Hipocraticum*), conjunto de obras atribuídas a Hipócrates no século V a.C., até o século XVII, a teoria dos humores foi o paradigma médico dominante. A cura era o restabelecimento do equilíbrio entre os quatro humores básicos: sangue, fleuma, bile amarela e bile negra. Esses humores estavam em correspondência com quatro elementos (terra, ar, fogo e água), com as quatro qualidades (frio, quente, seco e úmido) e também com as quatro estações do ano. O estado de saúde dependeria da proporção e da mistura adequada dos quatro humores, que poderiam variar de acordo com a ação de causas externas ou internas. Excluindo o breve período da Alexandria helenística, em que se realizaram dissecações em cadáveres humanos, o paradigma galênico manteve-se em vigor durante mais de um milênio.

A anatomia galênica constitui o auge da produção científica sobre o tema na época e, ao mesmo tempo, a vigência desse modelo parece o motivo principal pelo qual a prática da dissecação humana foi abandonada até o século XIII. Para Galeno, o conhecimento anatômico e a lógica ajudavam a formular o diagnóstico e a terapia adequada às doenças. No entanto, esse saber era clinicamente ineficaz, já que interagia com dificuldade com a patologia dos humores, sendo mais útil na cirurgia e, especialmente, na filosofia.

O recurso às fontes clássicas, por um lado, permitiu mostrar a utilidade da anatomia no desenvolvimento da medicina e da filosofia natural e forneceu legitimidade epistemológica e antropológica para essas atividades. Por outro lado, levou à paralisação da pesquisa anatômica e à inibição do desenvolvimento da dissecação. Foram necessários dois séculos para haver uma transformação no paradigma anatômico dominante, substituindo a autoridade dos antigos pela evidência direta, fornecida pela observação do cadáver.

Na Antiguidade, dois argumentos básicos contra a dissecação ainda se repetiam. O primeiro deles era a repugnância sentida na presença do cadáver e a inumanidade da prática anatômica. O segundo era a inutilidade da dissecação, dada a existência do paradigma galênico, que oferecia alternativas a essa prática. Dois obstáculos deveriam ser superados para que a dissecação voltasse a ser praticada no Ocidente: a autoridade de Galeno, no que se refere a suas hipóteses e descrições, e o horror ligado ao trato e à profanação de cadáveres (Carlino, 1999).

O primeiro relato inequívoco de uma dissecação com fins anatômicos, realizada por Mondino de'Luzzi, data de 1315, em Bologna. Mas desde meados do século XIII, na Itália, era frequente a abertura de corpos na realização de necropsias e procedimentos pós-morte, para a obtenção de informações sobre a causa do falecimento. No entanto, Mondino permaneceu fiel ao paradigma galênico, sem questionar suas descobertas.

A principal função das dissecações com fins anatômicos praticadas por Mondino e seus sucessores era didática — comprovar o texto escrito. A imagem do corpo anatomizado reforçaria as palavras do instrutor, ilustrando e demonstrando o conteúdo do texto a ser lido, usualmente o de Galeno. A dissecação era um simples recurso pedagógico para auxiliar no aprendizado do texto.

A observação do corpo era útil, portanto, como subsidiária no ensino das disciplinas médicas. Durante mais de um milênio, dissecações e observações anatômicas foram associadas à leitura e ao comentário de textos médicos, com escassa utilidade fora desse contexto didático. Deve-se destacar, assim, que entre o século III e o XIII não existiu nenhum desenvolvimento importante no estudo da anatomia, mantendo-se uma confiança geral nas descrições anatômicas de Galeno.

Triunfo da anatomia patológica

A medicina participava da lenta mudança mental que revirava as elites da Europa no século XVI e enriquecia a burguesia. É nesse cenário que o esforço por vencer as doenças e adiar a hora da morte exerce uma demanda social de cuidados e cura sobre os médicos à qual a medicina galênica não conseguia dar respostas.

Nesse novo contexto científico, os médicos mais inovadores seguiram as disciplinas mais avançadas, como a botânica e a zoologia, convertendo-se à prática da observação. A ciência passava a dar a ambas um lugar de destaque, iniciando um movimento sem fim na medicina, no qual o corpo foi explorado de maneira cada vez mais minuciosa.

Movidos pela necessidade de agir, os médicos não podiam mais se contentar em esperar a morte do paciente para compreender a doença, dar o diagnóstico, definir o tratamento. Eles tentavam encontrar meios de tornar visível o interior do corpo humano e fazer uma espécie de autópsia sem dissecação. O vínculo estabelecido entre a observação dos sintomas e a anatomia patológica constitui a medicina anatomoclínica.

A mudança radical e propulsora desse processo acontece, no entanto, muito antes, com a publicação, em 1543, do livro de Andreas Vesálio, *Da organização do corpo hu-*

mano (*De Humani corporis fabrica*), marcando o nascimento da anatomia científica moderna. Nessa obra, a autoridade de Galeno é contestada, bem como a de seus seguidores, que lhe concedem um crédito completo. Vesálio inverteu a hierarquia entre autoridade textual e evidência empírica, dando dignidade aos achados produzidos pela observação experimental do corpo sob o olhar anatômico.

A dissociação tradicional entre médicos e cirurgiões foi bastante superada pela figura de Vesálio, que encarnou a função teórica e prática da anatomia. A cirurgia, até então rejeitada como trabalho manual, foi reabilitada e teve seu valor reavivado. Seu novo método didático e investigativo se opunha à subordinação tradicional da observação à descrição.

A publicação, em 1543, tanto da obra de Vesálio quanto de *Sobre a revolução dos orbes celestes* (*De Revolutionibus orbium coelestium*), de Nicolau Copérnico, marca uma mudança paradigmática na percepção do microcosmo e do macrocosmo. Desde o fim do século XV até o fim do XVII, ganhava força uma nova imagem do interior do corpo humano e das técnicas para o seu estudo, que deixarão marcas em todas as realizações culturais da época. Poetas, filósofos, cientistas, arquitetos se entregam à tarefa de dar sentido ao interior do corpo.

Em suas descrições, tanto Vesálio quanto Cristóvão Colombo enfatizavam a importância da evidência ocular nas explorações dos novos mundos, fosse o interior do corpo ou a América. O anatomista era apresentado como descobridor e geógrafo das terras desconhecidas e a anatomia constituía uma metáfora fundamental desse período, abrangendo todas as formas de vida intelectual e social. Ela aparecia com frequência nos títulos dos livros impressos na Inglaterra entre o fim do século XVI e início do XVII — dentre eles, o célebre *Anatomia da melancolia*, de Robert Burton, publicado em 1621.

O conhecimento anatômico ultrapassava o âmbito estritamente universitário, deixando de ser apenas uma lição para treinamento de médicos para se tornar um espetáculo público que reunia grande número de intelectuais e artistas no final do século XV. Como mostra a capa do livro de Vesálio, a lição pública de anatomia atraía uma grande audiência de professores, estudantes, médicos e público em geral. Esse interesse levou à construção de grandes teatros anatômicos na Itália, na Holanda e em outros países europeus que atestavam o prestígio da cidade. Ao interesse despertado pela dissecação pública de cadáveres somou-se o interesse cultural por um espetáculo e uma forma sofisticada de entretenimento, para além da curiosidade científica e educativa.

É válido destacar as novas ideias que a obra de Vesálio prenunciou. A partir dele, tornou-se um pressuposto para a medicina ocidental que a verdade da doença se encontraria no interior do corpo, na visualização do invisível. A imagem tornava-se o meio de tradução do texto, marcando uma época de grande desenvolvimento na história da anatomia e das ilustrações anatômicas. No limite, o que seu livro evoca e resume é a ideia de que a verdade das doenças não estaria na palavra, mas sim na produção de imagens. Estabelece-se, assim, uma relação estreita entre o visual e o conhecimento científico do corpo humano, trazendo como consequência o modelo de um único corpo apresentado como norma de todos.

A observação dos caminhos da medicina no Ocidente depois disso só reforçou as ideias ali esboçadas. De Vesálio em diante, destaca-se uma continuidade até nossos dias no que diz respeito ao privilégio da visualidade no conhecimento do corpo e na sua consequente objetivação. Além disso, aparece desde então a primazia do cadáver como modelo de compreensão e estudo do corpo. Tanto o privilégio do olhar e da objetivação quanto a relação com o cadáver são constitutivos da tradição anatômica.

O processo que estamos assinalando diz respeito ao desenvolvimento da cultura da dissecação, que abre caminho para o estabelecimento do valor da evidência visual, apresentada desde os anatomistas como uma realidade objetiva, alvo de conhecimento externo. A visualização é o meio por excelência de objetivação dos conhecimentos na tradição biomédica ocidental. O estabelecimento de um conhecimento objetivante sobre o corpo é bem ilustrado pelo modelo do corpo-máquina, cujas partes se relacionariam umas com as outras como as engrenagens de um relógio — do que o sistema filosófico de René Descartes seria, posteriormente, o apogeu.

O primeiro passo da objetificação do corpo como alvo de observação descritiva é a desvalorização de sua capacidade de transmitir significados simbólicos. Por isso, não é difícil reconhecer que a revolução anatômica é acompanhada por uma desvalorização da magia do corpo, presente na cultura popular. Especialmente o corpo feminino era considerado detentor de um poder sobre a vida e a morte, alojando forças e substâncias que infundiam a vida e a destruíam, que produziam o bem e o mal.

A redução da experiência do corpo subjetivo ao corpo objetivo, mensurável, quantificável e fragmentado, que desde a revolução vesaliana acompanha a história das práticas anatômicas e das tecnologias de visualização, corresponde a uma relação objetificada com o corpo, na qual ele perde sua capacidade de transmitir sentidos. A construção dos processos de objetificação dos processos corporais se amparou e foi propulsionada pelo desenvolvimento de uma série de aparatos técnicos, que discutiremos a seguir.

Introdução de tecnologias médicas na construção do diagnóstico

Um episódio célebre ocorrido em 1816 ficaria marcado no campo da história da medicina e determinaria muito mais do que poderia sonhar seu protagonista, René Laënnec. Naquele ano, Laënnec fez um canudo de papel e o colocou entre seu ouvido e o peito de um paciente, podendo, assim, escutar os sons dos movimentos internos do seu corpo. O gesto inicial de Laënnec, que culminou na criação do estetoscópio, seria emblemático dos desenvolvimentos técnicos por vir na ciência médica e na alteração dos hábitos de diagnóstico na medicina. Tal gesto se colocava na contramão do modo como a ciência médica se aproximava até então do corpo dos doentes, já que usar instrumentos técnicos para abordar o corpo era uma atitude reservada aos cirurgiões. Ao médico, ficavam destinadas atividades mais nobres, como a observação do doente (Faure, 2008).

Houve um lento processo pelo qual as tecnologias que fazem parte do vocabulário comum de hoje, como o eletrocardiograma, a ultrassonografia, o imageamento cerebral e os exames laboratoriais, substituíram os sentidos humanos na busca de evidências da doença diretamente do paciente. Isso produziu consequências importantes no desenvolvimento da medicina e das condições de vida possíveis, mas também no modo como a doença é percebida e compreendida pelos médicos e leigos.

Todo esse processo gradual aponta para um longo caminho no qual o exame físico do corpo passou a contar com o auxílio de ferramentas, vencendo a resistência dos costumes a essa prática. Já em meados do século XIX, o uso do estetoscópio era um lugar-comum, passando a fazer parte do raciocínio médico dominante e do exame físico. A doença lentamente passava a ser compreendida como um evento detectável por ferramentas utilizáveis na superfície ou no interior do corpo. O uso de instrumentos para acessar o corpo em busca de evidências e sinais foi, portanto, a viga mestra da construção do diagnóstico na medicina do século XIX.

Ainda naquele século, o médico tornou-se um diagnosticador habilidoso, cujos sentidos altamente desenvolvidos e as tecnologias de apoio ofereciam uma base para adquirir a evidência para o diagnóstico. Essa confiança nos sentidos para a detecção dos sintomas das doenças foi uma forma de liberação por parte dos médicos da dependência do relato subjetivo do paciente, fonte primordial até então de acesso aos fatos sobre o adoecimento.

Uma variável importante na redução na atenção dada aos sentidos na formação do diagnóstico foi a vantagem dos meios tecnológicos em termos de estandardização e comunicação. Foi essa a resposta no campo da medicina à demanda crescente de observação cuidadosa e objetividade na leitura dos fenômenos — certamente uma necessidade estendida a outros campos de saber.

A história do paciente era um aglomerado de eventos subjetivos que continha os sentimentos produzidos pela doença, as suposições sobre eventos relacionados a ela, bem como suas necessidades e expectativas. Tratava-se, assim, do campo impreciso da subjetividade do doente. Só o próprio médico via, ouvia e sentia os acontecimentos corporais do paciente e os interpretava. Era a mente do médico que media o que era ouvido e sentido e que tomava decisões sobre o seu significado. Como julgar se sua interpretação era apropriada se os observadores não podiam discernir razoavelmente sobre a natureza do sinal percebido?

Utilizar-se da audição, do tato, da visão — e de tecnologias de apoio para isso — produziu certa independência do relato subjetivo no processo de construção do diagnóstico. Consequentemente, ocasionou uma diminuição da atenção dos médicos aos aspectos subjetivos do adoecimento. O olho invadiria o corpo por tubos, o ouvido ouviria sons capturados por diversas formas de estetoscópio e o toque seria usado para palpação de órgãos. Esses sinais, em geral aparentes somente para os médicos e escondidos de outros observadores, eram registrados por escrito. As evidências provenientes de registro numérico, imagético e gráfico foram, portanto, comparadas, com vantagens, às impressões sensoriais.

Outro quesito em jogo na reorientação diagnóstica no século XX foi o tempo despendido. Ouvir a biografia do paciente, observar os efeitos da doença na superfície do corpo, examiná-lo fisicamente com tecnologias simples — tudo isso requisitava tempo. As tecnologias de registro tornaram possível separar o ato de receber dados médicos do ato de interpretá-los. Um auxiliar poderia escrever os dados sobre a temperatura do paciente e repassá-los ao médico.

De fato, sabemos que não há como assegurar que cada pessoa experimente um fenômeno e o descreva da mesma maneira que outra. Isso demonstrava a dificuldade de estandardizar os termos pelos quais a experiência de adoecimento era descrita. Nesse aspecto, as descrições realizadas por meios tecnológicos pareciam mais valorosas do que as narrativas dos próprios pacientes. Em outras palavras, a imagem desenvolvida por raios x, ultrassonografias ou ressonâncias magnéticas foi considerada mais reveladora do que o relato dos doentes, porque trazia consigo um mito de neutralidade e de revelação do interior do corpo sem mediações subjetivas.

Na correr do século XX, o público leigo se impressionou com o poder das novas tecnologias, desde a descoberta dos raios x e sua cobertura pela mídia da época. O fascínio pelas tecnologias diagnósticas e a convicção de que o alcance das máquinas é maior do que o dos sentidos humanos nos fizeram depositar grande confiança no poder dos procedimentos técnicos da medicina.

A objetividade médica como uma construção recente

A imersão da prática médica no interior do modelo das ciências naturais passou pela naturalização e objetificação de seus temas de estudo, fazendo surgir a objetividade da doença pela exclusão dos traços de subjetividade do paciente e pela construção de generalidades (Camargo *et al.*, 2006). Então, uma questão que não podemos nos furtar a discutir, por ser um dos alicerces do processo de objetificação da construção do diagnóstico médico ao longo do século XIX, são os critérios de objetividade médica. Ou seja, como os instrumentos técnicos, que supostamente afastam a imprecisão e o julgamento do observador, vão sendo considerados substitutos mais úteis do que os sentidos humanos? A partir de quais bases são erigidos os critérios para considerar objetivo e convincente o conhecimento proveniente das imagens e dos instrumentos médicos?

Se nos voltarmos para a história da objetividade como critério de valor científico, especificamente no caso da utilização das imagens, poderemos resgatar algumas informações relevantes. A objetividade como virtude epistemológica tem uma história relativamente recente, remontando a meados do século XIX. A análise de atlas de diversas áreas (anatomia, fisiologia, botânica, paleontologia, astronomia) — cujo propósito era padronizar os sujeitos observadores e os objetos observados — representava o conhecimento objetivo sobre determinado assunto. Suas imagens eram, portanto, cuidadosamente selecionadas no intuito de remoção de caracteres subjetivos. As formas de objetividade são, de modo geral, um combate aos aspectos subjetivos.

São dois os principais marcos na construção da objetividade tal como nós a conhecemos hoje. O primeiro deles, em 1878, por meio do trabalho do fisiologista Etienne-Jules Marey, com as fotografias de animais em movimento, entendidas como uma amostra de ciência sem palavras, eloquente por meio de registros fotográficos e curvas mecanicamente geradas.

O outro, em 1875, quando Charles Sanders Pierce insistiu que a validade das inferências científicas requeria que os interesses do observador não se detivessem no caso pessoal, mas abraçassem a comunidade inteira. Essas formas constituíam um *éthos* da objetividade emergente, marcada por técnicas e procedimentos próprios. As duas formas de representação visual privilegiadas eram: a fotografia, mecanicamente reproduzida, e o mapa, comunitariamente construído. Cada uma delas estabeleceu práticas e formas de representação visual específicas (Daston e Galison, 1992).

O que significa essa procura de objetividade? Os anatomistas, botânicos, astrônomos e geólogos dos séculos XVIII e XIX editavam suas ilustrações para ser fiéis à natureza, reconhecendo que ela era variável e instável em suas múltiplas manifestações, fosse nas formas das pétalas de uma flor, na posição de um cometa ou na proporção do esqueleto humano. No entanto, para preservar a universalidade e durabilidade das verdades da natureza, o naturalista deveria analisar cuidadosamente os conjuntos inconsistentes de observações, descobrir e representar o verdadeiro tipo subjacente à diversidade existente.

O que se observa é a construção de meios para a estandardização dos objetos científicos que exigiam que o cientista interviesse na seleção e construção desses objetos. O dever dos cientistas era captar a verdade ordenadora por trás do aparente caos da diversidade dos objetos, ainda que isso implicasse retoques no fenômeno estudado.

A objetividade emergente parecia se cumprir da melhor forma pela fotografia, que substituiu a imprecisão dos desenhos feitos a mão. Junto a esse processo, um rol de novos instrumentos de autorregistro — o quimógrafo de Carl Ludwig, que traçava o movimento das artérias no papel, e o fusil fotográfico, para fotografias em sucessão rápida, de Etienne Marey — vai paulatinamente substituindo os observadores humanos, seu julgamento e sua suposta imprecisão.

O deslocamento para esse tipo de objetividade não corresponde exatamente ao aparecimento da fotografia: ela faz parte de uma lista de inovações técnicas que desde a *camera obscura* até os raios x tentam extirpar qualquer tipo de mediação entre o objeto e a representação, como uma proteção mecânica contra invasões subjetivas na forma de interpretações, seleções, juízos ou inclinações artísticas. É precisamente na crítica ao elemento artístico das ilustrações médicas que a ideia de objetividade mecânica se consolida, fazendo triunfar a mecanização sobre a arte e erradicando a tentação da interpretação e o juízo individual.

A máquina é um meio para a objetividade e a neutralidade, devido à eliminação da ação humana. Do cientista, se requisitava um ascetismo quase cristão, dignificado pelo esforço e autodomínio dos processos de interpretação e seleção, pela abnegação e humildade, considerados instrumentos do processo de objetividade. Na forma de seus instrumentos científicos, as máquinas incorporavam o ideal do observador: não intervenção, paciência, infatigabilidade, alerta perene e ultrapassagem dos limites dos sentidos humanos. Em outras palavras, a eliminação da intervenção da subjetividade.

É nesse contexto que uma fotografia, no fim do século XIX, por mais obscura, defeituosa e pouco esclarecedora que fosse, era considerada mais próxima da autenticidade do que um desenho rico em detalhes. É a qualidade de, automaticamente, a natureza parecer retratar a si mesma, sem mediação humana, que tornava o instrumento fotográfico a melhor forma de fugir dos aspectos subjetivos da observação.

De fato, no campo médico, a fotografia parecia oferecer um mecanismo eficaz de contenção da subjetividade. Hugh Welch Diamond, um dos pioneiros da fotografia psiquiátrica, escreve em 1865 que a fotografia dos doentes mentais apresenta um registro perfeito, fiel e livre da caricatura penosa que desfigurava os retratos dos insanos. A fotografia médica é difundida nos anos 50 do século XIX e em pouco tempo, em 1859, o célebre jornal médico inglês *Lancet* a denomina de a arte da verdade. O olho neutro e objetivo da câmera deveria corrigir todos os erros subjetivos das ilustrações médicas (Reiser, 1990).

Mas quais implicações esse tipo de restrição da apreensão dos fenômenos traz à tona? O que se perde e se ganha com a emergência das máquinas? O aparecimento das emoções como objeto de estudo científico no fim do século XIX pode nos oferecer um bom exemplo. Cabe indagar por que meios se deu o processo de tradução das emoções humanas para a linguagem das máquinas, ao longo do século XIX.

Nesse período, fisiologistas e médicos começaram a produzir representações das emoções humanas e animais no contexto de uma ciência das emoções ainda emergente, aplicando métodos experimentais e instrumentos de laboratório ao que até então estava no campo impalpável da emocionalidade. Os procedimentos de transposição da emoção em objeto de conhecimento introduziram uma nova era na história das emoções, fazendo emergir uma interação entre observadores científicos e máquinas desinteressadas e gerando relações nas quais os instrumentos suplantam as interações pessoais na obtenção de conhecimento emocional (Dror, 1999).

As emoções, em seu novo meio de representação, eram registradas por mediação mecânica dos instrumentos de laboratório e as imagens que elas produziam eram a nova matéria dessa ciência. O uso dessas tecnologias permitiu, então, uma abordagem objetiva — que nesse caso é sinônimo de tecnológica — das emoções. Ocorre com isso a transformação da interioridade emocional em um objeto de conhecimento visualmente presente, quantificável, controlável e racional, que caminhava do corpo para o instrumento e deste para os gráficos demonstrativos.

Várias técnicas e instrumentos são criados para transcrever tal experiência em imagem. A emoção como experiência puramente afetiva não era o material com o qual esses experimentos lidavam e, nesse processo, o interesse recaía sobre a representação gráfica depreendida numericamente a partir dos sinais materiais do corpo. Um padrão específico de secreções de suor, uma curva particular de pressão sanguínea, uma mudança no pH da urina, o nível de linfócitos no sangue passam a retratar as emoções. Os números passaram, então, a espelhar a natureza desses fenômenos.

A ciência das emoções dependia de que a emoção mostrada sempre estivesse em relação com a não emoção, pois essas se tornavam mais visíveis quanto mais estivessem situadas contra um fundo de vácuo emocional ou psicológico. Cada representação de emoção era, portanto, não somente sua representação, mas também a de sua completa ausência. Os organismos mais fidedignos eram aqueles escolhidos e valorizados por suas habilidades de controle de si mesmos, que permitiam ao pesquisador criar boas representações, como emoções bem isoladas, representações e contraposições claras. Os sujeitos menos fidedignos para as pesquisas eram aqueles cuja emoção pesquisada era exagerada ou os incapazes de manter um estado de calma anterior à emoção em questão. Ou, ainda, aqueles que não produziam uma onda emocional suficientemente distinta do fundo de calma que lhe deu origem.

Uma das consequências que emergem dessa transformação da emocionalidade em material objetivo e abordável pela pesquisa científica é a de que ela passa a ser coletada como emoção pura, essencialista e fora de seu contexto. A raiva, por exemplo, é representada no mesmo registro quantitativo, numérico ou gráfico, independentemente das causas que a geraram, das diferentes circunstâncias, do momento e do indivíduo. Não havia, além disso, diferença entre o aroma de uma rosa plantada num jardim e o aroma de uma rosa sugerido por hipnose.

Voltando ao caso das ilustrações médicas, outra questão incutida por essas formas de objetividade é que, dada a sua função eminentemente pedagógica, a produção de imagens legíveis exigia uma interpretação por parte do ilustrador na forma de ênfase visual ou de omissões, ou seja, de um equilíbrio entre o ideal de objetividade e a necessária intervenção subjetiva que facilitasse a legibilidade e decodificação das imagens.

Assim, o compromisso com uma representação naturalista e realista do corpo humano presente desde o Renascimento estava inexoravelmente vinculado à necessidade de saber interpretar uma série de convenções intelectuais, sociais e visuais. Mediante o apelo a cânones da escultura clássica, Vesálio provia um contexto familiar, identificável e legível para suas ilustrações anatômicas. Essa discrepância reaparece com a introdução de suportes visuais, tais como diagramas explicativos, retoques e realces de determinadas partes do corpo, comuns em textos médicos.

O que se pretende apontar com isso é que a ideia de um olhar livre de interpretação é uma ficção que oculta a adaptação a convenções visuais estabelecidas socialmente desde longa data. Em âmbitos socioculturais e científicos específicos são atribuídas às mais diversas categorias de imagens uma credibilidade produzida tecnicamente e uma capacidade culturalmente sancionada de serem consideradas evidências de algo — como, por exemplo, de doenças.

A assimetria entre a promessa de uma representação objetiva e a necessidade de habilidade para ver as imagens produzidas só aumentou com a introdução de novas técnicas de imageamento. Os primeiros autores de atlas de raios x se confrontaram com a divergência entre a anatomia macroscópica e aquelas imagens: alguns elementos do corpo não deixavam rastros visuais nos raios x, ao mesmo tempo que certos elementos presentes nas imagens não correspondiam a características identificáveis no corpo. Portanto, o médico devia adquirir um conhecimento dos desvios entre a anatomia e sua representação por meios daqueles raios.

Seria um equívoco, no entanto, desacreditar o uso de indícios e medições objetivas e visuais. Elas são úteis e muito auxiliam no processo de cuidado da saúde. Mas o olhar treinado é o instrumento mais valioso que um especialista pode adquirir, mais do que a acuidade da máquina. Nesse contexto, a ideia de um corpo tornado transparente pelos métodos de visualização e de um olhar neutro da máquina só pode ser compreendida como uma ilusão.

O que se percebe pela introdução do olhar treinado para decodificar as imagens é que a subjetividade é deslocada dos produtores de imagens e construtores de atlas para a audiência, encarregada da tarefa de compreender as informações visuais.

É interessante notar como a suspeita de intervenção e distorção subjetiva das imagens na apresentação de evidências médico-legais é uma preocupação constante desde o fim do século XIX. Os tribunais foram a principal arena onde a questão das evidências das imagens fotográficas de raios x apareceu de forma emblemática, principalmente na última parte do século XIX e início do XX. Na virada daquele século, dentre as sugestões feitas pelos médicos para garantir a objetividade nas imagens estava a exigência da presença de testemunhas no seu processo de produção, a requisição do comparecimento de especialistas para fazer a mediação entre a imagem e o público e a recomendação aos médicos que aprendessem as técnicas necessárias para não depender de intermediários na decodificação das imagens. As críticas não impediram que, por volta de 1900, a fotografia se tornasse uma força poderosa, símbolo da verdade objetiva. A ela se uniriam outras diversas inovações tecnológicas relacionadas ao imageamento corporal.

O debate acerca da objetividade das imagens médicas está longe de terminar, atingindo novos patamares na atualidade com a utilização, nos tribunais, de imagens produzidas pelas novas tecnologias de tomografias computadorizadas e de ressonância magnética funcional para atestar a insanidade mental do réu ou a veracidade de doenças sem qualquer outro substrato orgânico identificável.

Mas quais são os desdobramentos da eleição desses parâmetros de objetividade no campo da visualização médica do corpo e da construção de instrumentos de medida da fisiologia humana? Como vimos, ao longo dos séculos XIX e XX são desenvolvidos diversos instrumentos para descrever as moções internas do corpo e seus processos intrínsecos. As descrições gráficas e quantitativas dos eventos corporais tornaram-se um ingrediente importante, que transformou a medicina em uma disciplina dita científica.

O desenvolvimento de instrumentos de medida fisiológica

Analogamente ao que acontece com a fotografia e os raios x no campo das técnicas de visualização, a instrumentalização desempenhou um papel fundamental no desenvolvimento da fisiologia moderna em meados do século XIX, ao longo do qual são criados diversos aparatos para seu registro. A exploração interna do corpo passou pelo desenvolvimento sistemático de instrumentos que penetraram em suas cavidades, registrando e medindo processos fisiológicos.

Dentre esses aparatos, destaca-se o quimógrafo, capaz de registrar a pressão sanguínea, introduzido em 1846-1847 por Carl Ludwig; o esfigmógrafo de Carl Vierordt, usado para registrar as variações do pulso; os diferentes instrumentos desenhados por Étienne-Jules Marey entre 1860 e 1870; o termômetro, existente desde o século XVII, mas só aceito na medicina a partir de 1857, com os trabalhos de Carl Wunderlich. Esses instrumentos transformaram fenômenos subjetivamente monitorados em eventos objetivos, passíveis de avaliação por vários observadores.

Os instrumentos de registro forneciam medições precisas e análises matemáticas de eventos complexos e inter-relacionados. Nesse enlevo, a fisiologia foi lentamente deixando de ser uma atividade primariamente descritiva e vivisseccionista para tornar-se uma ciência experimental quantitativa, sendo considerada o paradigma do método experimental das ciências da vida. Dentro do contexto de culto à objetividade científica já discutido, os números pareciam mais confiáveis do que as impressões subjetivas.

Aqueles comprometidos com a incorporação das novas tecnologias de autorregistro acreditavam que podiam transformar os eventos subjetivos em números, gráficos, curvas e imagens, eliminando avaliações qualitativas controversas e produzindo medições confiáveis e objetivas. Nesse aspecto, o corpo da fisiologia pode ser considerado uma continuação do ideal de objetivação e quantificação da tradição anatômica.

Raios x: um tema especial na história da visualização médica

Um tópico especial sobre a visualização na medicina deve ser dedicado à descoberta dos raios x, em 1895, por Wilhelm Roentgen. Isso porque o modo como ele foi recebido na sociedade é um emblema do impacto das práticas de visualização nos múltiplos aspectos da cultura. Os raios x são descobertos quase por acaso, já que Roentgen estava estudando a propriedade fluorescente de tubos de vidro quando, ao colocar a mão sobre um deles, viu o formato de seus ossos.

Aquele tipo de luz capaz de atravessar materiais e revelar seu interior promoveu uma importante mudança no modo como os indivíduos concebiam a si mesmos e a seus corpos. O ideal de um corpo transparente tem aí uma primeira pedra fundamental. Como já vimos, no século XIX surgiu uma série de instrumentos de visualização, como o oftalmoscópio e o laringoscópio. O aparecimento dos raios x se coloca na esteira dessas descobertas prévias, partilhando com elas o privilégio da visão do interior do corpo. Aos artigos de divulgação daquele novo tipo de raios, Roentgen anexava uma radiografia de uma das mãos de sua esposa, causando fascínio e espanto (Kevles, 1998).

O contexto de surgimento dos raios x merece consideração também porque ele retrata, dentre outros aspectos, o individualismo da sociedade vitoriana e o ambiente civilizatório criado pelo capitalismo industrial ao longo da segunda metade do século XIX, sob o rol de uma série de mudanças, como a aceleração da industrialização, o aumento da mobilidade física e social, a incorporação de novas regras de sociabilidade baseadas nas aspirações da burguesia e nas demandas emergentes do mundo do trabalho.

Os efeitos dessas mudanças se fizeram sentir na construção de limites bem definidos entre interior/exterior, essência/aparência, público/privado, cuja distinção era vivenciada nas práticas sociais, no enaltecimento dos sentimentos e da privacidade. As experiências íntimas ocupavam o lugar do segredo e da verdade recôndita. Ora, essa oposição entre público e privado constitui uma dimensão fundamental da relação do indivíduo com a sociedade burguesa. Na sociedade vitoriana da intimidade e da sentimentalidade na qual os raios x aparecem, a interioridade subjetiva era protegida da exposição ao mundo pelos contornos bem traçados entre a vida íntima e a aparência pública. É interessante notar que em 1895 aparecem três formas diferentes de abordar o interior do corpo e da alma: raios x, cinema e psicanálise, expondo, cada uma a seu modo, as anatomias do corpo, do movimento e da psique. Esses três campos não só mudaram o estatuto da interioridade, mas os termos nos quais tais interioridades eram contempladas (Lippit, 1996).

É compreensível que a recepção social da descoberta de Wilhelm Roentgen tenha sido socialmente experienciada com desconforto. Contudo, esse constrangimento provocado pelo acesso aos mistérios da interioridade corporal foi rapidamente ultrapassado. A descoberta dos raios x foi apropriada imediatamente pelo ambiente médico, que ecoava processos sociais mais abrangentes, como o sucesso geral da imagem, o entusiasmo com a eletricidade e a possibilidade de detecção de duas chagas sociais: a tuberculose e o câncer. O que esse exemplo indica é que é a trajetória científica que cria o objeto, e não o contrário (Faure, 2008).

Não só no caso dos raios x, mas também no de outras técnicas de visualização que o sucedem, observa-se que as imagens corporais tendem a ultrapassar a esfera biomédica que as originou, sendo difundidas pelo imaginário social de cada uma de suas épocas, transitando entre o conhecimento especializado, a pesquisa científica e os processos de divulgação na arte e na cultura popular.

Um exemplo é o romance *A montanha mágica* (*Der Zauberberg*), de Thomas Mann. O inebriamento do personagem Hans Castorp com os raios x de Clawdia Chauchat, por quem estava apaixonado, reflete a atmosfera de estranheza e o impacto subjetivo causado pelas novas imagens do interior do corpo. Castorp, no entanto, não consegue ver nada. Só depois que o médico Behrens lhe demonstra as diferentes partes anatômicas é que Castorp exclama: "Deus meu, eu vejo!" (Mann, 2000, p. 299).

É notável a sensação de transgressão e estranheza que acompanha esse primeiro encontro de Castorp com o interior do corpo. A contemplação de sua mão no aparelho de raios x dá-lhe a certeza de sua própria morte:

> Hans Castorp viu o que devia ter esperado, mas que, em realidade, não cabe ver ao homem, e que jamais teria crido poder ver: lançou um olhar para dentro do seu próprio túmulo. Viu, antecipado pela força dos raios, o futuro trabalho da decomposição; viu a carne em que vivia solubilizada, aniquilada, reduzida a uma névoa inconsistente, no meio da qual se destacava o esqueleto minuciosamente plasmado da sua mão direita (...). Com os olhos daquela parenta da família Tienappel, contemplou uma parte familiar de seu corpo, estudou-a com olhos videntes e penetrantes e pela primeira vez pensou que estava destinado a morrer" (Mann, 2000, p. 300).

Esse episódio do romance de Thomas Mann descreve uma vivência comum nos indivíduos que tiveram contato com essa tecnologia no início do século XX.

Outro exemplo que também elucida o processo de difusão social de ideias médicas — muito embora tenha ocorrido um século antes dos raios x — são os estudos sobre a estimulação elétrica do cérebro, cuja principal fonte são as investigações de Luigi Galvani, por volta de 1786. Galvani percebeu que o tecido neural era eletricamente excitável e Giovanni Aldini, sobrinho de Galvani, continuando as pesquisas sobre o tema, fez experimentos de estimulação elétrica de cadáveres de pessoas enforcadas ou recém-decapitadas. As cabeças piscavam, arregalavam os olhos, mexiam a língua, contorciam os músculos, tremiam o maxilar. Uma das consequências culturais inesperadas desses experimentos foi o fato de que aquelas ideias de estimulação elétrica de cadáveres inspiraram uma de suas contemporâneas, a escritora britânica Mary Shelley (1797-1851), que entre 1816 e 1817 escreveria o famoso romance gótico *Frankenstein*, impressionada pela possibilidade de gerar vida a partir de tecidos mortos (Parent, 2004).

Até o fim da Segunda Guerra Mundial, os raios x não haviam encontrado concorrentes no que tange à visualização do interior do corpo. É sobretudo a partir da década de 1950 que assistimos a uma ascensão de inovações técnicas como a ultrassonografia, a tomografia computadorizada (TC), a tomografia por ressonância magnética (TRM) e a tomografia por emissão de pósitrons (PET, de *Positron Emission Tomography*).

No caso específico da visualização do cérebro, os raios x não promoveram tantos avanços, porque o tecido nervoso tem baixa opacidade e está alocado na caixa óssea. Muitos desenvolvimentos foram necessários para transcender os raios x e chegar a uma retratação mais apurada do cérebro. Um dos passos mais importantes para esse desenvolvimento foi a introdução do computador para realizar cálculos matemáticos com as medidas alcançadas por meio do processamento da informação recolhida.

A tomografia axial computadorizada, por exemplo, foi um importante passo, porque passou a produzir imagens tridimensionais do cérebro.

Ainda que à primeira vista as novas imagens se apresentassem como continuação automática no processo de colonização do interior do corpo iniciado pelos raios x, o contexto em que se coloca o desenvolvimento das formas mais contemporâneas de imageamento corporal nos leva a questões diferentes, sobretudo relacionadas aos novos objetos passíveis de ser visualizados, às possibilidades diagnósticas de cada uma das técnicas, aos procedimentos utilizados, à aplicação das novas tecnologias a uma série de disciplinas médicas e, sobretudo, aos alcances e limites de cada uma dessas técnicas. E é nesse contexto de crescente tecnologização do processo de construção do diagnóstico que a representação imagética se desenvolve, atingindo campos diversos, dentre eles o da doença mental.

O privilégio da visualização no campo da doença mental

Dedicar-nos-emos a compreender um pouco do desenvolvimento da visualização no campo específico das doenças mentais, com ênfase nas tecnologias que pretendem desvendar o interior do cérebro. A neurologia é um campo preferencialmente afeito ao registro imagético dos corpos fora de controle, como bem atesta o material visual produzido por Jean Martin Charcot no Hospital da Salpêtrière no fim do século XIX (Cartwright, 1995). Nele, temos uma compilação de fotografias de casos, em sua maioria, de histeria, nas diferentes fases do ataque histérico. É importante considerar que o uso que a neurologia faz dos registros de imagem dos doentes é contextualizado em um dilema do campo neurológico, que precisou lidar desde seus primórdios com a dificuldade de encontrar achados anatomofisiológicos convincentes para as patologias de que tratava.

Os volumes da Iconografia Fotográfica da Salpêtrière, compilados pelo médico D. M. Bourneville e pelo fotógrafo P. Regnard entre 1877 e 1880, são um exemplo do processo de produção de verdades e de fatos clínicos da história da psiquiatria francesa do século XIX. As fotografias das histéricas em estado de crise servem, para Charcot e seus colaboradores, como um instrumento eficaz de produção de evidência científica e clínica, diante da ausência de lesão orgânica que caracterizava a patologia (Didi-Huberman, 1984).

O fato de os sintomas histéricos poderem ser desfeitos pela hipnose era, sem dúvida, um problema para a legitimidade da perspectiva neuroanatômica de Charcot. A ideia de que a histeria estava baseada em uma lesão funcional foi uma solução importante para esse problema. Uma lesão funcional ou dinâmica significava, para Charcot, que não se podia encontrar nenhuma modificação tecidual no exame pós-morte. Ela seria um evento orgânico não relacionado a uma alteração da estrutura dos tecidos ou órgãos, mas apenas de seu funcionamento. A que ela se devia ou qual era sua causa era uma pergunta que permanecia sem resposta.

Mas a legitimidade trazida pela ideia de lesão funcional como justificativa para a histeria estava no fato de que, a despeito de o conceito não explicar a causa da doença, ele pressupunha que se tratasse de uma lesão. Embora pudesse não persistir após a morte e por isso não ser detectada no exame, a lesão supostamente existia, o que indicava que a histeria deveria ser considerada uma doença orgânica verdadeira. De fato, as necropsias das histéricas não revelavam nada de palpável, ou seja, a doença não causava mudanças observáveis no cérebro. No entanto, Charcot sustentava a ideia de uma lesão funcional e da existência de leis e regras presentes nos quadros histéricos, em analogia com outras patologias neurológicas.

A fotografia constituiu um elemento crucial para a operação realizada por Charcot de outorgar legitimidade médica ao quadro da histeria. A demonstração fotográfica dos diferentes períodos do ataque histérico, bem como dos estigmas e sintomas de maior destaque, teve como objetivo o estabelecimento de uma sintomatologia estável, culminando na identificação de estigmas e tornando possível um diagnóstico diferencial. Isso permitiu a Charcot safar-se das críticas que lhe dirigiam Hyppolite Bernheim e outros autores acerca da ilegitimidade dos sintomas histéricos.

É nesse ponto que a fotografia desempenhou um papel fundamental, pois ela supria a ausência de achados anatomopatológicos da histeria, atuando como evidência possível, diante da falta de um substrato anatômico da doença. Nesse caso paradigmático, a fotografia teve valor de uma evidência por si mesma, com poder de convencimento, tornando incontestáveis a marca da manifestação patológica e sua existência nosológica objetiva. Na ausência de um substrato anatômico específico, a lente fotográfica capturaria a realidade e a verdade do sintoma histérico como uma entidade clínica circunscrita. Assim, a fotografia fornecia um método objetivo de doença, caucionando cientificamente sua descrição, a despeito da ausência de lesão.

Da fotografia às neuroimagens: tecnologias de visualização cerebral

Os esforços na história da medicina para conferir objetividade à inespecificidade marcante de algumas doenças mentais impulsionaram e foram impulsionados pela onda de inovações e estudos de visualização do cérebro em que desembocamos hoje. Se na virada do século XIX Charcot apelava para as fotografias a fim de dar solidez ao campo impalpável da neurose, o final do século XX assistiu a uma explosão de novas técnicas cujos objetivos talvez não se afastassem muito daquele de Charcot: o de fornecer evidência visual — quase como um sinônimo de materialidade e objetividade — às entidades clínicas pertencentes ao campo da doença mental no início do século XXI.

O desenvolvimento do campo das técnicas de visualização da doença mental deve ser relacionado sobretudo aos avanços no imageamento do cérebro. Esse campo tem um ponto de gatilho sobretudo nas décadas de 1950 e 1960, quando os pesquisadores passaram a utilizar *scans* por tomografia computadorizada — o que culminou nos anos 1970 no uso clínico dessas tecnologias. Poucas décadas antes disso, um dos principais métodos para estudar a conexão entre cérebro e comportamento era indireto, pelo exame de cérebros individuais lesados, com o objetivo de avaliar como essas lesões afetavam a performance diária. Os departamentos de radiologia estavam, naquele momento, lentamente se transformando em departamentos de imageamento médico e utilizando como ferramenta clínica o que anteriormente era usado com propósitos de ensino ou para demonstração de conclusões científicas (Crease, 1993).

A ressonância magnética funcional tornou possível acompanhar, praticamente em tempo real, a ativação cerebral, ou seja, para que áreas o sangue se desloca. O conceito de base para as tecnologias de imageamento cerebral desenvolvidas mais recentemente, como a ressonância magnética funcional e a tomografia por emissão de pósitrons, é que uma mudança no fluxo sanguíneo regional pode refletir a atividade neural e as áreas desenvolvidas em determinada função ou tarefa. Com isso, supõe-se que essas áreas estejam diretamente implicadas na tarefa executada.

A detecção de eventos que ocorrem em grande velocidade no cérebro ampliou as possibilidades de emprego da técnica de ressonância magnética funcional para o estudo de fenômenos que se aproximam do tempo real da atividade cerebral. Nesse sentido, esse exame trouxe vantagens sem precedentes na história da medicina para o estudo da fisiopalotogia dos fenômenos mentais (memória, percepção, cognição). Tornou-se possível caracterizar correlatos neurais específicos de sintomas que têm grande variabilidade, por se tratar de uma técnica que avalia a atividade cerebral de forma dinâmica.

As vantagens da ressonância magnética funcional não deixam de nos impor perguntas importantes: aquilo a que se tem acesso por meio dessa tecnologia — os correlatos neurais de uma função superior como a memória — é a própria memória? Ou seja, o padrão elétrico e químico que o cérebro adquire quando processa certos estados seriam os próprios estados mentais? Encontrar um padrão cerebral para doenças como a depressão significaria que a depressão é uma doença exclusivamente explicada por aquela alteração? Ou a depressão seria um estado mais complexo, que envolveria alterações nos padrões neuroquímicos, no estilo de vida, na presença ou não de rede social de apoio — ou seja, variáveis às quais não podemos ter acesso por imageamento? Essas questões que apontam para a complexa relação entre mente e cérebro têm impulsionado o debate contemporâneo sobre o uso clínico das imagens cerebrais.

A despeito de suas características mais particulares, há outro ponto em comum entre essas tecnologias, que é o papel que desempenham na mídia e na cultura, de maneira mais ampla. Há um acentuado papel persuasivo dessas imagens na formação do que as pessoas pensam de seus próprios corpos e de si mesmas. Diferentemente de uma tabela ou de um gráfico, a neuroimagem dá a impressão de transparência e de que o objeto é diretamente acessado e representado. Esse conhecimento encoraja a agir a partir da familiaridade sentida com o objeto visualizado.

Imagens do cérebro e seus efeitos de verdade

É necessário dedicarmo-nos à análise do papel das imagens cerebrais na mídia e ao seu poder de produzir ideias sobre as doenças e os indivíduos. Essas imagens nos dão a sensação de uma distinção clara entre o cérebro normal e o doente, muito embora haja esquizofrênicos e outros pacientes com transtornos mentais cujos cérebros parecem com os de pessoas consideradas saudáveis, e vice-versa.

Um ponto digno de nota nesse processo é o modo pelo qual as imagens cerebrais no campo das doenças mentais vão lentamente contribuindo para produzir naquele que vê a sensação de que o cérebro visto é a própria pessoa. A imagem, supostamente mostrando a doença em si mesma, contribui para a formação da crença cultural na existência de tipos cerebrais doentes, sadios, inteligentes, deprimidos, obsessivos (Dumit, 2004).

É interessante notar o prestígio que a representação visual do cérebro recebe, diante de outras formas de objetificação possíveis. Se as medidas estatísticas e as comparações numéricas fossem consideradas suficientes, o cérebro representado visualmente seria totalmente supérfluo e os dados matemáticos e comparativos entre os diferentes cérebros seriam suficientes. Há uma codependência entre o modo quantitativo e o modo visoespacial de representação, associado ao fato de que as imagens de ressonância magnética funcional materializam esses dois aspectos em um só tempo.

Cabe ressaltar, contudo, que as imagens cerebrais não são fotografias de um cérebro real, mas a reconstituição visual de parâmetros estatísticos e matemáticos e, por isso, são imagens de números, e não de cérebros (Alac, 2004). Nesse processo de transformação dos dados numéricos em dados visuais, aquilo que é invisível ou, no máximo, visível por gráficos, números e comparações estatísticas é transformado em dado visual. A representação visual dos cérebros melhora a visibilidade do que antes eram apenas números e comparações e tem um efeito de realidade sobre a descrição da patologia incomparável em relação aos outros parâmetros de medida.

A apresentação de imagens de cérebros típicos de esquizofrênicos, deprimidos ou normais produz a sensação de que há uma diferença categórica entre três tipos de humanos que corresponde, essencialmente, a seus tipos de cérebros. Nesse contexto, as imagens de tipos cerebrais, pelo apelo inelutável de "mostrar aquilo que existe", são tomadas como fatos indubitáveis e têm contribuído para a categorização dos indivíduos a partir de seus cérebros. A consequência dessas imagens recebidas como evidências científicas é a ideia de que o cérebro é o componente exclusivamente necessário para a formação de certas doenças, sobretudo mentais. O processo que estamos descrevendo de forma crítica demonstra que as imagens vão lentamente contribuindo para produzir naquele que vê a sensação de que o cérebro visto é a própria pessoa.

Uma tentativa de reverter o efeito de associação de doenças com aquilo visto nas imagens é retraçar as muitas linhas que sustentam sua pesquisa e interpretação nos artigos científicos. Os processos que sustentam a produção de conhecimento nesse campo são facilmente ignorados.

Uma delas é a própria coloração das imagens. A forma de coloração conduz a atenção de quem vê para certas porções da imagem, pois a representação visual é construída de forma a excluir as interpretações não visadas pelo autor. A distribuição das cores fortalece a sensação de que essas regiões são internamente coerentes, separadas de seus vizinhos e capazes de representar adequadamente o funcionamento do cérebro na tarefa em questão. A cor preta, por exemplo, é usada para representar o que seria o "pano de fundo" cerebral, para contrastar com as áreas de atividade estudadas. Essas últimas, por sua vez, aparecem em cores brilhantes, demonstrando a atividade cognitiva que deve ser o alvo da atenção do espectador.

Um dos efeitos gerados por esse mecanismo é a impressão de que nenhuma outra área, exceto as coloridas, está ativa — o que não é verídico. Isso reforça a ideia de que as demais áreas não estão envolvidas no processo, já que não aparecem coloridas na imagem cerebral, pressupondo-se que regiões do cérebro que não mostram mudança global em sua atividade não estão diretamente envolvidas na tarefa ou condição pesquisada.

A significância de uma determinada função cerebral envolvida em uma atividade é comumente definida pelas diferenças regionais na ativação entre dois conjuntos cerebrais. Em cada caso, a ênfase está em determinar quais *voxels* de atividade se diferenciam o suficiente entre dois todos cerebrais para sugerir que a localização anatômica desses *voxels* está envolvida no processo de comparação. O *voxel* é a unidade básica da tomografia computadorizada, representada como um *pixel* na imagem. É a menor parte distinguível em uma imagem tridimensional.

A mudança na ativação é significante e representa a participação da área diferencialmente ativada na tarefa investigada. Quanto mais ativação, maior é a participação daquela área em uma determinada função. A ideia subjacente à leitura das imagens é a de que *voxels* não diferem entre dois conjuntos cerebrais que não estão envolvidos na tarefa pesquisada. Contudo, no cérebro vivo, todas as áreas estão constantemente ativas, exceto as lesionadas. Somando-se a isso, a "essência visual" da doença é constituída pela síntese das alterações identificadas por processos automáticos em casos diversos, e não pela observação dos casos individualmente.

Para complexificar ainda mais o assunto, é notória a presença nas imagens cerebrais de pontos brilhantes não identificados (*unidentified bright objects – UBOs*), bem como de padrões alterados no tamanho das estruturas cerebrais, cujo valor patognomônico ainda é incerto. As tecnologias aqui analisadas trazem indubitáveis *insights* clínicos, mas acabam por confrontar médicos e pacientes com dilemas perturbadores para os quais ainda não se tem resposta.

O risco da adesão às imagens médicas como registro fiel das doenças é justamente o da separação entre essas imagens e o contexto que as acompanha, o que contribui para que sirvam como um argumento da existência da diferença definitiva de um tipo cerebral para outro e, no limite, para a associação de determinado achado ainda em processo de investigação com a causa exclusiva da doença.

Outra consequência é que os pacientes passam a ver a si mesmos como alguém que partilha, mais do que um sofrimento, um tipo cerebral comum. Além disso, mas não menos importante, é o fato de que essas imagens contribuem para reforçar a concepção, já existente em um contexto de explicações fisicalistas, de que a doença é redutível àquela alteração encontrada. No limite, a reunião de informações sobre possíveis lesões no cérebro ou alterações nas estruturas cerebrais leva à construção de um novo objeto, que é a representação em três dimensões de uma doença, e, simultaneamente, a uma crença na patologia como algo que pode ser reduzido a uma representação visual.

O uso de neuroimageamento nos tempos atuais equaciona três elementos fundamentais para a legitimidade de uma doença: um padrão de objetividade científica do instrumento, a pretensa organicidade da lesão e a visibilidade dos resultados. Essas três variáveis acabam oferecendo, ainda que de forma controversa, a esperança da prova palpável e objetiva em relação a doenças para as quais ainda não se encontrou um substrato. Tornar uma doença visível, mostrando as alterações orgânicas que são seu fundamento, é, portanto, torná-la real.

É preciso observar atentamente o fato de que o desenvolvimento dos conhecimentos médicos acaba por fornecer modelos de corpos ideais para o manejo biomédico: o corpo cadáver da tradição anatômica e o corpo supostamente transparente das novas tecnologias de visualização — ambos têm em comum um protótipo descarnado de pureza e impessoalidade. Além disso, por estarem baseadas no ato de ver — que, como se pôde observar, tem destacada importância na história médica das novas tecnologias —, fomentam a crença na neutralidade dos fatos da ciência, que parecem retratar a própria natureza da doença, inequivocamente.

É desnecessário ressaltar que os benefícios das novas tecnologias de imageamento criam possibilidades infinitas de diagnóstico e tratamento em inúmeras áreas médicas. Todavia, dada a enorme difusão e o sucesso midiático dessas tecnologias, cujo impacto extrapola a medicina e invade diversos campos da cultura, vemos a emergência de novas concepções de corpo e de subjetividade, mediadas por esses aparatos. Nesse contexto, é pertinente indagar acerca das consequências socioculturais da visualização do interior do corpo, para além de seus evidentes benefícios clínicos e terapêuticos.

Os marcadores biológicos a que se tem acesso por neuroimageamento ainda são considerados incertos pelos pesquisadores, tratando-se de um campo iniciático de pesquisa. A migração dos resultados, provenientes desse campo ainda em progresso, para a construção de novas categorias de doença talvez decorra desse poder de persuasão das imagens do cérebro, cujo apelo não é encontrado da mesma forma em outros testes diagnósticos, como as medidas imunológicas ou endócrinas. Mas, cabe-nos perguntar: estamos endereçando às neuroimagens perguntas que elas podem responder? O que vemos é um salto se operar entre os resultados incontestavelmente incipientes do campo e o tom determinista que seus achados ganham na boca de especialistas, leigos, advogados, pacientes.

É importante estar munido de questões que nos permitam tirar vantagens do que essas técnicas oferecem. Esse é um cuidado importante para não tornar seu uso uma forma de simplificar dilemas complexos, que dependem de variáveis não contempladas pelo que a visualização cerebral oferece, como dados sociodemográficos, informações sobre a história de vida do paciente e, principalmente, sobre o sentido do processo de adoecimento na vida de quem dele padece. Os resultados encontrados seriam mais prudentemente compreendidos como uma fonte de convergência das evidências, e não como um sinal conclusivo. Os cuidados necessários à utilização de neuroimagens não lhes retira a utilidade como ferramenta para a investigação da natureza dos processos cerebrais. Todavia, mais do que para a construção de padrões eletroquímicos aos quais se pode associar uma doença, elas servem, sobretudo, para a construção de evidências convergentes ou divergentes sobre os fenômenos em estudo.

O simples achado de que uma área está ativada — mesmo uma área com funções bem definidas — não é suficiente para inferir nada além do fato de que suas propriedades contribuem para a performance em questão. Por isso, a demonstração de que um padrão particular de atividade cerebral acompanha a performance de tipos particulares de tarefas não é por si mesmo de grande interesse. "Constatar que certas áreas do cérebro são ativas quando alguém realiza uma tarefa não é suficiente" (Kosslyn, 1999, p. 1.293). Dados como esses só são interpretáveis no contexto de teorias que conduzem a hipóteses específicas.

Algumas questões que estão sendo endereçadas às tecnologias de neuroimageamento talvez estejam além daquilo a que elas podem responder, principalmente porque ainda são iniciáticas as ideias a que se pode chegar a partir da verificação de que uma área está mais ativada do que outra em determinada tarefa. Alguns temas estudados, como escolhas morais, gostos pessoais, transtornos e comportamentos psicossociais, envolvem variáveis às quais a visualização cerebral em si mesma não dá acesso.

Aderir acriticamente a essa concepção de transparência do corpo, segundo a qual as técnicas de imageamento poderiam capturar o que realmente acontece em seu interior, significa desvencilhar o vínculo entre uma imagem científica e o contexto que lhe oferece condição de possibilidade, bem como do qual ela resulta. As imagens se sustentam em uma persuasividade desmedida que encobre suas condições de possibilidade socioculturais e os processos pelos quais adquirem inteligibilidade.

Conclusões: sobre o estatuto da visão na medicina ocidental

Durante o século XVIII, o contato físico entre médico e paciente tinha escassa utilidade. A forma tradicional de diagnóstico estava baseada no relato do sofredor. A recusa do exame físico não estava apenas ligada à limitada eficácia diagnóstica, mas à própria necessidade do médico de se diferenciar do cirurgião, cujo domínio era a superfície corporal e cujas ferramentas eram os dedos, não a mente. O médico se considerava um pensador, e não alguém dotado de habilidades táteis. No limite, a maior dignidade da medicina frente à cirurgia correspondia à nobreza filosófica da visão frente ao tato.

Em continuidade com a tradição anatômica, os instrumentos de mensuração fisiológica eram sustentados por uma notável ênfase na visão e neutralizavam o uso diagnóstico dos outros sentidos, como a audição e o tato. A introdução dos raios x representou um importante golpe no uso do tato na determinação da posição dos ossos e na localização de objetos nos tecidos orgânicos. O predomínio da visão sobre a audição também aparece na preferência pelos raios x em detrimento do estetoscópio e de outras formas de diagnósticos baseadas no som. O século XIX testemunhou um crescente poder de convencimento da evidência visual da doença, oferecida pelas novas tecnologias de visualização, no lugar de técnicas diagnósticas auditivas, como a ausculta e a percussão. Os sons pareciam estar mais sujeitos à distorção subjetiva e à mediação humana do que a visão, que prometia garantir objetividade, neutralidade e verdade científica sobre o corpo e a doença.

No início do novo milênio, o corpo é apreendido quase exclusivamente em sua dimensão visual, mediante as novas tecnologias de imageamento, tornando-se tão mais real quanto mais visível seja. Desde o século XIX, com a invenção de novas técnicas de visualização médica do corpo, o tato perdeu o privilégio clínico e diagnóstico que possuía, sendo substituído pela visão, mais adaptada a certos critérios de objetividade científica. A ênfase na visão constituiu uma ameaça ao uso de outros sentidos para diagnóstico, sobretudo o tato e a audição, que exigiam a formação de uma imagem mental da doença pelo médico. Por isso eram considerados mais subjetivos se comparados a técnicas visuais, que apresentam uma imagem sem mediação (Reiser, 1990). Dessa forma, a medicina tecnológica traz consigo uma desconfiança do tato e da audição, localizando na visão um ideal de objetividade, precisão e não mediação.

O problema fundamental do privilégio da visão como meio de acesso à doença é que esse sentido é descorporificante. A experiência visual é distante dos objetos, não é interativa e não requisita o envolvimento motor. Quando vemos um objeto sem tocá-lo, nada ou quase nada podemos conhecer sobre sua textura, por exemplo. No tato, ao contrário, a sensação está ligada ao movimento físico e a qualidade da sensação é dada pelo tipo de toque, introduzindo a experiência de realidade e de materialidade dos objetos, bem como a resistência do ambiente. Se comparado à visão, o tato implica a copresença do objeto e o envolvimento motor.

Sem que caiamos na falácia do privilégio de um sentido em relação ao outro, a história da visualização médica do corpo testemunha esse afastamento do tato e dos outros sentidos e o privilégio da visão na construção dos diagnósticos. Tanto na tradição anatomofisiológica quanto nas práticas tecnológicas de visualização médica, o modelo de corpo que lhes serve de base é o do corpo objeto, e não o do corpo sujeito.

Por um lado, o processo de redução metodológica, ou seja, a restrição intencional a certos aspectos do objeto para torná-lo abordável pelo método científico, resulta em consideráveis avanços técnicos; por outro, o percipiente experiencia seu corpo como uma unidade orgânica, não como um rol de fragmentos. Se visamos a estudar um caso específico de cefaleia, isolar o cérebro do resto do corpo pode ter utilidades importantes, pois as variáveis em questão serão procuradas na fisiologia do cérebro, com o intuito de desenvolver um tratamento. Mas como experiência vivida, a cefaleia não é apenas uma mistura de sangue e vasos — ela está ligada ao estresse, à aceleração das atividades cotidianas, aos padrões elevados de exigência, dentre outros fatores. Como afirmam Northoff, Schwartz e Osborne (1992) "[d]iante de um corpo doente, não estamos em face de uma máquina quebrada, mas de um mundo transformado".

Só na apreensão exclusivamente visual e passiva — como ocorre na visualização médica — o corpo aparece como uma soma de partes, cujo exemplo pode ser o cadáver da tradição anatômica ou o corpo fragmentado das novas imagens médicas. Ambos se opõem à nossa experiência encarnada do corpo, que implica o conjunto dos sentidos. Ela extrapola a mera apreensão visual e objetivante das tecnologias de imageamento, que destituem referências de espaço e tempo necessárias na experiência do corpo próprio. É também por isso que a primazia sociocultural da visão, ou seja, seu privilégio entre as modalidades de conhecimento sobre as doenças, deve ser questionada. Não se trata de recusar os benefícios que as imagens trouxeram à medicina, mas de refutar o modelo exclusivamente visual do corpo oposto à sua apreensão subjetiva.

Capítulo 2
A saúde como salvação: contexto cultural de ascensão do corpo como valor na contemporaneidade

Em seu livro *A condição humana*, Hannah Arendt escreveu que a convicção de que a vida interna é mais importante para o que somos do que o que aparentamos é uma ilusão. Com essa ideia a autora nos leva a atentar para a importância da ação no mundo público como forma de constituição do que somos, em detrimento da introspecção como modo de acesso a uma verdade solipsista, buscada na essência mais íntima do sujeito. Isso porque, para Arendt, o mundo público é o lugar privilegiado da ação entre os homens. É interessante notar que a frase da autora, se retirada de seu contexto de crítica à modernidade, poderia muito bem ser aplicada ao cenário de somatização e exteriorização por que vêm passando os modos de subjetivação na contemporaneidade.

Mas o que significa dizer que os modos de subjetivação contemporâneos estão passando por um processo de somatização e exteriorização? Significa que o sentido de nós mesmos como indivíduos habitados por um espaço interno, formados pela biografia como fonte de individualidade e lugar de nossos descontentamentos — tal como estabelecido na modernidade — está sofrendo um processo de lenta modificação, no qual passamos a definir aspectos-chave da subjetividade em termos corporais e biomédicos. Temos decodificado nossos medos e aspirações a partir de um vocabulário médico e temos estabelecido novas relações com o corpo que incluem práticas cujo objetivo é reformá-lo e aperfeiçoá-lo, pela utilização de manancial (psico)farmacológico e mecânico. Esses processos dizem respeito, sobretudo, a práticas socioculturais em que se privilegia a exposição do corpo e a da vida privada. Por consequência, as formas de subjetivação daí decorrentes são constituídas prioritariamente pela experiência de se fazer visível a outrem.

Esses processos de exteriorização são compreendidos em contraste com o solo de intimização sobre o qual as sociedades modernas burguesas se constituíram. Richard Sennett, em seu estudo *O declínio do homem público: as tiranias da intimidade*, sustenta que a privacidade só ganhou contornos na Europa dos séculos XVIII e XIX, sob o jugo das modernas sociedades industriais e do modo de vida urbano. Data desse momento a criação da família nuclear como refúgio para o indivíduo, como território a salvo dos perigos do espaço exterior e público. Os sinais da queda do Antigo Regime e da formação de uma nova cultura secular, urbana e capitalista se desdobraram, dentre outros quesitos, em um crescimento desmedido do valor da vida privada, paralelo a um esvaziamento da vida pública.

A instauração de um modo de organização social que se expandia com a ascensão das camadas médias da burguesia e a irrupção do consumo de massa nas grandes cidades industrializadas traçavam um novo modo de vida. A relação do capitalismo industrial com a cultura pública urbana se mostrou na propulsão à privatização suscitada na sociedade e na mitificação da vida material (roupas e bens). Destaca-se nesse processo o papel da personalidade, entidade supostamente escondida no interior de cada um, que poderia ser disfarçada ou desviada pela aparência.

Na medida em que a família se tornou abrigo contra os terrores da sociedade, também se tornou parâmetro moral para se medir a vida social. Durante o século XIX, a família se revelou o centro de um refúgio idealizado, com valor mais elevado do que o mundo público. A privacidade e a estabilidade estavam nela conciliadas e em face desse ideal é que a vida pública seria desvalorizada. A tirania da intimidade, segundo o autor, é a maneira de enfrentar a realidade e de compreender as complexidades da sociedade em termos psicológicos. Assim, o domínio público era compreendido e experienciado como oposto ao domínio privado, estando em conflito com os modos de interação social tal como a família os encarnava. O refúgio na personalidade e na intimidade se mostrava não somente no que diz respeito à preocupação com as emoções particulares, mas na avaliação da ação política compreendida a partir da personalidade de quem a realizava.

O que Sennett aponta é o esvaziamento da vida pública e o concomitante inchaço da vida privada. O eu ou a personalidade merecia todos os cuidados e todas as proteções em relação a sua verdade recôndita e o melhor lugar para isso era a casa burguesa. A paulatina irrupção de um mundo interno foi o catalisador de uma nova configuração espacial das casas, mas também de uma nova função para elas, qual seja, a de resguardar e acolher o desenvolvimento da vida interior. Assim foram se consolidando as tiranias da intimidade, que conjugavam tanto uma atitude de indiferença e passividade para com os assuntos públicos quanto uma concentração nos espaços privados e nos conflitos íntimos. É em contraposição a essa vontade de privacidade que devemos contextualizar os modos de subjetivação em emergência.

A tendência à somatização e externalização da subjetividade inclui tanto o campo da normalidade quanto o da patologia. No primeiro, está o homem considerado saudável, que passa a desenvolver uma série de preocupações físicas e estéticas, desde o controle de índices metabólicos até a busca de padrões de beleza e longevidade. Já no território das patologias, aparecem novas modalidades de sofrimento físico e mental, nas quais se destacam sintomas somáticos, tais como anorexias, bulimias, adicções de todos os tipos. Soma-se a esse leque de entidades clínicas a ascensão de quadros de difícil decifração, constituídos por ampla gama de sintomas físicos sem substrato anatomoclínico, tais como as síndromes fibromiálgica, do cólon irritável, da fadiga crônica e da alergia total, dentre outras.

Por último, mas não menos importante, as práticas de somatização e exteriorização se fazem notar e são alimentadas pelo registro das inovações comunicacionais, que muito contribuem para a alteração dos modos de relação entre os homens, especialmente as que tiveram lugar com o advento do computador pessoal e da internet. As tecnologias comunicacionais compõem o campo de transformações nos modos como a identidade é construída e modulada na contemporaneidade. Com elas, ocorreu uma série de mudanças nas maneiras pelas quais entramos em contato uns com os outros. *E-mails*, programas de mensagens instantâneas, sites de relacionamento, *blogs* e *weblogs* têm levado a formas inéditas de exibição da vida pessoal em seus atos mais banais, contribuindo para a construção do que cada um pensa de si mesmo a partir dos efeitos que essa exibição gera (Bruno, 2004a). No limite, as exibições voluntárias do corpo e da intimidade tornaram-se práticas de autoconstituição, contrapostas à necessidade de recolhimento e privacidade tão marcantes nas sociedades modernas burguesas.

Um dos desdobramentos dessas modalidades somatizantes de subjetividade é que temos apelado cada vez mais para explicações que enfatizam características biológicas dos comportamentos humanos e dos transtornos mentais. Passamos a falar sobre nós e a agir uns com os outros a partir da pressuposição de que nossas características são preponderantemente formatadas pela biologia. Nosso humor, nossos desejos, nossas condutas e personalidades são compreendidos como uma configuração neuroquímica particular que pode ser modulada pela ação sobre a química cerebral. Compreendemos nossas tristezas e agruras como desequilíbrios químicos, tratáveis por drogas que restauram o equilíbrio perdido, configurando como resultado a formação do que Rose (2003) denomina de eus neuroquímicos (*neurochemical selves*). As lesões cerebrais e os déficits neuroquímicos passam a ser os verdadeiros atores das patologias e a experiência pessoal se transforma em uma derivação fosca e desencarnada de processos bioquímicos.

Dizer que os processos de subjetivação na contemporaneidade estão se somatizando significa observar a presença, por exemplo, de diversas formas de colonização do corpo tanto em sua superfície visível — como as já antigas tatuagens e *piercings*, bem como implantes subcutâneos, cirurgias estéticas, dietas — quanto em sua profundidade invisível, por técnicas de visualização médica que pretendem revelar os segredos de nossa visceralidade, em busca de melhores diagnósticos e tratamentos.

Chamar a esse rol de práticas de somatização e exteriorização é uma forma de enfatizar suas diferenças em relação às modalidades de internalização, marcantes na constituição das identidades vigentes na modernidade. Na atualidade, a intimidade se volta para fora a fim de encontrar um olhar que a reconheça, atribuindo-lhe sentido e valor, deixando de ser um refúgio secreto para se tornar a matéria produzida na presença explícita do outro (Bruno, 2004a, 2004b).

Mas é preciso notar que não se trata de uma mudança abrupta nas formas de subjetivação do internalismo psicológico que marcou a modernidade. O que se observa é a existência simultânea de arranjos subjetivos internalistas e de modulações somáticas e visuais de subjetivação. Não sendo necessariamente autoexcludentes, os processos de somatização convivem com as formas de subjetividade intimista. Tais processos se colocam em marcha paralelamente ao declínio de referenciais valorativos definidores da modernidade, tais como a família mononuclear burguesa, a distinção entre público/privado, o Estado etc.

Em suma, esse processo de somatização das identidades pode ser concebido como uma ancoragem da construção da subjetividade na superfície visível da imagem corporal, dando novos contornos ao funcionamento já conhecido do homem psicológico e seus antigos dilemas recônditos. Não somente os dispositivos ligados às biotecnologias e à saúde mas também as inovações no campo das tecnologias informacionais corroboram o lento processo de mutação das configurações subjetivas típicas da modernidade.

Vicissitudes da biopolítica
e seus novos sentidos para o corpo

A tomada do corpo individual e de seus processos mais basais como foco de ação e atenção política já fora notada por Foucault (1999; 2000). O autor detectou a emergência, por volta do século XVII, de um processo de investimento político no corpo pelos mecanismos de exercício do poder. Tomando a vida como ponto de incidência, o funcionamento do chamado biopoder perpassava o corpo e, ao mesmo tempo, abrangia a vida da espécie e os fenômenos da população.

Para o autor, as relações de poder teriam um funcionamento positivo, cuja operação principal seria a incitação, a produção de formas de relação consigo por meio de um controle minucioso dos gestos, do corpo, do espaço e do tempo. Vemos aí se formar uma concepção produtiva do poder e um afastamento de sua concepção jurídica — mais do que reprimir, o poder se exerceria pela objetivação da realidade, isto é, pela criação de modos de se relacionar consigo e com o mundo.

Sabemos que Foucault renuncia a tratar o poder como lei e interdição. As relações de poder são entendidas como situações estratégicas e contingentes ao domínio onde se exercem. Sob a alcunha de poder, deve-se entender tão somente um nome dado a uma situação estratégica resumida pelo conjunto de ações sobre ações possíveis que operam sobre o comportamento dos sujeitos, incitando, desviando, induzindo, facilitando ou dificultando, ampliando ou limitando, tornando mais ou menos provável certas ações (Foucault, 1995b).

O poder sobre a vida desenvolveu-se a partir do século XVII em duas formas principais, que não são antitéticas, mas constituem polos de desenvolvimento interligados. Uma se desenvolveu a partir do século XVII, sob a forma da anatomopolítica do corpo e dos procedimentos disciplinares, que funcionou como forma de extrair do corpo sua força útil. Esses procedimentos centravam-se em seu adestramento, na ampliação de suas aptidões, na extorsão de suas forças, no crescimento de sua docilidade e utilidade, em sua integração em sistemas de controle eficazes e econômicos. Ao tecido de relações desse modo de exercício de poder, Foucault (1995) denominou de sociedade disciplinar.

Nesse âmbito, é necessária uma referência ao panóptico como máquina principal de produzir visibilidade nas sociedades disciplinares. O termo panóptico é empregado por Foucault (1995a), em uma referência ao trabalho arquitetônico de Jeremy Bentham, em 1765. Bentham concebeu um local de vigilância no qual haveria uma torre de observação no pátio central, de onde seria possível observar a todos os presos sem ser visto. Os indivíduos prisioneiros poderiam ser vigiados a todo tempo pelo observador da torre, muito embora não pudessem vê-lo. Essa estrutura foi compreendida como um modelo paradigmático da distribuição espacial das sociedades ditas disciplinares. A polivalência de suas aplicações em prisões, escolas, hospitais, fábricas desloca o foco da visibilidade das figuras de destaque da sociedade de soberania para o indivíduo comum, ordinário. Por meio dessa vigilância examinadora, cada indivíduo torna-se um caso, com uma biografia, uma individualidade, uma verdade a ser controlada.

A segunda vicissitude do biopoder surgiu pouco mais tarde, por volta da metade do século XVIII, e tendeu a agir sobre o corpo individual para atuar sobre a vida da espécie. Esse poder centrou-se no corpo em seus processos biológicos: a proliferação, os nascimentos, a mortalidade, o nível de saúde, a duração da vida, a longevidade e todas as condições que podem fazer um corpo variar. Tais processos são assumidos como focos de intervenção política, mediante uma série de controles reguladores. Ou seja, os processos próprios à vida são considerados como formas de regulação de procedimentos de poder e de saber. O que se passou no século XVIII foi, então, a entrada dos fenômenos próprios à vida da espécie humana no campo das técnicas políticas, o que se denominou de *biopolítica* das populações. Ela diz respeito ao conjunto de dispositivos que regulavam naquele momento os nascimentos, a mortalidade, o nível de saúde, a duração da vida, a longevidade e todas as condições que podem fazer um corpo variar, tanto individual quanto coletivamente.

É sobre esse pano de fundo de biopoder/biopolítica que o sexo assume importância como foco de incidência política, já que a sexualidade se encontra na articulação entre os dois eixos ao longo dos quais se desenvolveu toda a tecnologia política da vida. O sexo é o elemento ideal em um dispositivo da sexualidade organizado em torno da materialidade, da extração das forças corporais, das energias, das sensações, dos prazeres.

Por isso, a sexualidade será o principal exemplo por meio do qual Foucault mostra a incidência desse poder que faz falar e faz agir, fomentando, assim, formas de relações consigo. Ela será um dos mais importantes e concretos agenciamentos que constituirão a grande tecnologia de poder do século XIX, porque é dotada de grande instrumentalidade. Por um lado, faz parte das disciplinas do corpo: adestramento, intensificação e distribuição das forças, ajustamento e economia das energias. Por outro, pertence à regulação das populações, em função de todos os efeitos globais que induz. Dá lugar a vigilância, a controles constantes, a ordenações espaciais de extrema meticulosidade, a um micropoder sobre o corpo, mas também a medidas maciças, a estimativas estatísticas, a intervenções que visam a todo o corpo social ou a determinados grupos.

Desse modo, os efeitos do dispositivo biopolítico passam pela estimulação do corpo, pela intensificação dos prazeres, pela incitação ao discurso, pela formação de conhecimentos, pelo reforço dos controles e das resistências. É por isso que no século XIX a sexualidade foi esmiuçada em seus mínimos detalhes, foi desencavada nas condutas, perseguida nos sonhos, suspeitada por trás das mínimas loucuras, seguida até os primeiros anos da infância e tornou-se chave da individualidade, ou seja, aquilo que permitiria analisá-la e, ao mesmo tempo, constituí-la. Ela se torna tema de operações políticas, de intervenções econômicas (por meio de incitações ou freio à procriação), de campanhas ideológicas de moralização ou de responsabilização. É empregada como índice de força de uma sociedade, revelando tanto sua energia política como seu vigor biológico.

Nessa mesma época, a análise da hereditariedade situava o sexo (as relações sexuais, as doenças venéreas, as alianças matrimoniais, as perversões) como responsável biológico em relação à espécie. Isso significa que o sexo poderia não somente afetar o indivíduo que contraísse doenças, mas, se não fosse controlado, transmitir doenças ou criá-las nas gerações futuras. É nesse contexto que a teoria da degenerescência de Benedict Morel ganhou força, supondo a transmissibilidade hereditária da tara. Esse foi o núcleo do saber médico sobre a loucura e a anormalidade durante a segunda metade do século XIX, influenciando a medicina legal, as práticas eugênicas, a criminologia, a antropologia.

Mas o panorama de ação das relações de poder sobre o corpo vivo que vemos hoje em dia apresenta algumas nuances em relação a essa descrição inicial. Primeiramente, porque a biopolítica das populações tem sido exercida a partir de outros modos de articulação, nos quais se observa o abandono do Estado como gestor do indivíduo e a ascensão do indivíduo, ele mesmo, como responsável por sua saúde e por sua prole.

O cenário em que nos encontramos, sobretudo desde o final das últimas décadas do século passado, nos apresenta particularidades nesse processo biopolítico, no qual notamos um deslocamento do Estado como responsável pelos procedimentos de saúde sobre o indivíduo e a coletividade para uma autogestão da saúde. Trata-se de um regime de construção do eu como "empresa prudente", ativamente constituída por atos de escolha individual. Cada um de nós se torna responsável pela saúde e doença do corpo, desde sua aparência até as potencialidades geneticamente definidas (Rose, 2003).

Se a sexualidade era um foco de incidência articulador do corpo próprio à vida da espécie, encontramos no cenário dos séculos XX e XXI uma série de outros valores sobre os quais se pode agir para promover uma capitalização da vida, tais como o DNA, os órgãos e tecidos humanos, as células-tronco, os óvulos. Um repertório de procedimentos biotecnológicos pode ser desenvolvido para induzir a expansão de um fragmento molecular, a acelerar seus processos intrínsecos, a recombinar suas partes, a desenvolver capacidades inéditas, otimizando processos vitais. O que se pode testemunhar é o aumento de vitalidade produzida pela reformulação biológica em nível molecular.

No quadro das vertiginosas transformações operadas a partir da decifração do código genético humano e do desenvolvimento das biotecnologias, a crença em uma fonte renovável e inesgotável de saúde, a qual se deve procurar com afinco, tem permeado o imaginário social desde o século passado. Assistimos à formação de um paradigma da saúde perfeita, baseado na crença de que é possível evitar e controlar ao máximo os danos de que o corpo padece (Sfez, 1996). Em um momento em que a comunicação e a informação sobre os problemas de saúde circulam de forma flagrante entre as mais variadas culturas, há uma tendência a que a conquista da saúde se espalhe e se imponha como valor prioritariamente visado, como um alvo a ser alcançado. As várias tecnologias do corpo, tanto químicas quanto mecânicas, têm contribuído para a produção dessa utopia.

O contexto de ênfase excessiva em um padrão otimizado de saúde cria novas formas de relação consigo e com o outro, como, por exemplo, o já mencionado uso corrente de vocabulário biológico para descrição de aspectos da identidade e da saúde, tais como infelicidade, sofrimento ou características próprias ("minha taxa de colesterol está alta", "sou muito vulnerável ao estresse", "meu sistema imunológico está em baixa", "tenho predisposição a certas doenças", "estou deprimido"). Fato é que a linguagem por meio da qual os indivíduos têm descrito a si mesmos tem se baseado cada vez mais em termos médicos que se popularizam, fornecendo princípios de avaliação dos indivíduos para a gestão da própria saúde.

No horizonte desse processo, a otimização dos padrões corporais tornou-se um parâmetro de medida e de valor para o homem dito pós-moderno. Criam-se modelos ideais de sujeito baseados na performance física e se estabelecem novos parâmetros de mérito e reconhecimento cujas bases são regras higiênicas. As ações individuais passam a ser dirigidas com o objetivo de obter melhor forma física, mais longevidade ou prolongamento da juventude.

Em um mundo marcado pelo esvaziamento das instituições de referência tradicionais da modernidade, a concretude do corpo próprio e dos parâmetros biológicos torna-se uma das escassas fontes de certeza a que se pode recorrer. A ciência viria, assim, se colocando no lugar de oferta de sentido aos indivíduos contemporâneos, ao mesmo tempo que convida à vigilância incansável do corpo por meio de tecnologias visuais, correções químicas e mecânicas, práticas de prevenção.

Na modernidade, a essência do ser estava supostamente no interior do indivíduo, antepondo-se ao visível, ao externo e ao superficial. Guy Debord já sinalizava no fim da década de 1960, em seu célebre livro *A sociedade do espetáculo*, que o núcleo duro da subjetividade contemporânea não seria mais o dilema moral entre "ter e ser", mas o de "parecer e ser", no qual prevaleceria a fetichização do parecer. Na utopia contemporânea da saúde perfeita, desenvolveu-se uma equivalência entre a essência e a aparência, já que os atributos corporais não são mais guardiões de uma identidade interior. Eles são a própria identidade a exibir o que somos.

O desgaste de muitas das instituições modernas que nos serviram de referência vem conduzindo os indivíduos a uma paulatina filiação ao campo da saúde e do corpo como nova fonte de valor. O que se pode observar, no limite, é que a ciência vem suprindo as instituições tradicionais na tarefa de propor recomendações morais. Isso significa que ela encampou o direito de falar no lugar da verdade, provocando importantes alterações no terreno dos valores e sentidos que alicerçam a vida contemporânea.

Mais do que simplesmente descartar os antigos valores modernos, eles são retraduzidos à luz de um triunfalismo cientificista, no qual o sentido da existência, as obrigações éticas, as escolhas dos estilos de viver se aproximaram da lista de questões a que a ciência visa a responder (Costa, 2004). As neurociências passam, por exemplo, a englobar a esfera dos comportamentos socioculturais no rol de problemas supostamente compatíveis com seu método de abordagem.

Esse processo é muito bem ilustrado se observamos que o número de pesquisas utilizando imageamento por ressonância magnética funcional para abordagem de assuntos das ciências humanas aumentou assombrosamente na década de 1990, trazendo à tona objetos como a culpa, a vergonha, a religiosidade, cujos resultados contribuem para a transformação das ideias e práticas nos campos moral, legal, social, político e outros (Racine e Illes,

2006). Vemos, por exemplo, o desenvolvimento de pesquisas utilizando neuroimagens para decifrar não somente doenças como Alzheimer e Parkinson, mas também a natureza das nossas escolhas sexuais, nossos gostos e nossas características pessoais.

A eleição da saúde como valor pode ser observada de maneiras diversas. Uma delas é no plano específico da criação de biovalores, em que o intuito visado é a produção de matéria orgânica valiosa, que ofereça uma fonte de geração de direitos de propriedade intelectual e para inovação tecnológica (Waldby, 2002). Sem dúvida, os genes estão entre os atores biotecnológicos mais privilegiados na produção de valor desde o século XX, por serem considerados repositórios de potencialidades humanas. Mas, além deles, podemos destacar as células-tronco, os órgãos humanos, os tecidos, os oócitos.

No caso específico das células-tronco, o aumento de doenças crônico-degenerativas decorrentes do envelhecimento da população mundial, associado à escassez de fontes dessas células, impulsionou a pesquisa com esse material. Sua capacidade potencial de se transformar em qualquer tipo de tecido — ossos, sangue, nervos ou músculos — lhe confere um ângulo de ação terapêutica bastante amplo, abrangendo doenças degenerativas, cardiovaculares, traumas na medula espinhal, dentre outros. Essas células sustentam a promessa ainda não cumprida de uma fonte renovável de saúde. O desenvolvimento de pesquisas em torno desse tema é um exemplo do modo como um tecido saudável adquire o status de uma substância rara e preciosa. Além de trazer a esperança de avanços clínicos no combate às doenças, os biovalores são produtos a serem consumidos e uma fonte de renda para seus inventores.

Outro campo em que podemos ver emergir a saúde como valor é o dos projetos de cidadania. Levando-se em conta que esses projetos ecoam e materializam os modos pelos quais as autoridades refletem sobre os indivíduos como cidadãos, a biologização da política de que nos falou Foucault passa por vicissitudes notáveis. Diferentes formas de cidadania são criadas pela importância crescente da corporalidade nas práticas de constituição de si mesmo e das novas tecnologias de intervenção sobre o corpo. A reunião de pessoas em torno da reivindicação de serviços de saúde e apoio social em nome de seus corpos lesados é um exemplo notável desse processo. A cidadania biológica (Novas e Rose, 2004) incorpora políticas ou ações baseadas em critérios médico-científicos que reconheçam e compensem o dano biológico dos pacientes envolvidos.

O filme *Erin Brockovich*, dirigido por Steven Soderbergh em 2000 e baseado em uma história real, ilustra esse processo. Nele, a protagonista, vivida por Julia Roberts, se envolve em uma luta pelos direitos de uma comunidade moradora de uma localidade que consumia água contaminada por uma empresa de grande porte. Além do crime ambiental, a contaminação resultou em mortes, malformações e doenças nos moradores da localidade. O que se destaca desse processo bem ilustrado pelo filme é que a vida adquire o potencial de ser negociada em práticas de regulação e compensação financeira.

A cidadania biológica é individualizante e coletivizante ao mesmo tempo. Individualizante porque cada um de nós modula as relações consigo a partir do conhecimento de sua individualidade somática. E coletiva porque, como apontou Rabinow (1999), surgem formas de biossociabilidade nas quais grupos de indivíduos passam a se reunir ao redor de categorias de vulnerabilidade corporal, sofrimento somático, risco ou susceptibilidade genética. A biossociabilidade é um modo de agrupamento de pessoas por meio de critérios de saúde, desempenho físico, doenças específicas, longevidade, em detrimento de outras referências, como status cultural, características psicológicas, padrões de classe, orientação política.

Nuances do normal e do patológico na contemporaneidade

Todo esse lento processo de transformação das identidades — ao qual nos referimos no início deste capítulo — alimenta e é alimentado por mudanças em outras fronteiras, como a do natural/artificial e a do normal/patológico. O cenário já nos é conhecido: a informação sobre os problemas de saúde passa a circular de forma volumosa, propulsionada pelos avanços nas tecnologias médicas de escrutínio do corpo e pelos métodos de acesso visual ao interior visceral. Desenvolvem-se tecnologias que são meios de suplência anatomofisiológica para o corpo humano, revelando potencialidades que ainda não conhecíamos nos nossos corpos e criando formas híbridas de corporeidade. Corpos esculpidos e protéticos passam a ditar as aspirações das mulheres. Os transplantes de face saem do registro da ficção científica. O congelamento de óvulos estende o limite do tempo de procriação humana.

Os meios de contato virtual remodelam as relações humanas e a noção de privacidade. Os limites de como o corpo pode ser modificado e reconstruído se expandem, com o auxílio da indústria biotecnológica. Os modelos híbridos de corpos, ao constituir a maneira como nos vemos, transformam a maneira como avaliamos e como experimentamos o que é normal ou não. Que fatores têm interferido diretamente naquilo que consideramos normal ou patológico?

Um primeiro caso a ser abordado é o das modificações corporais na atualidade. A utilização de marcas corporais não é uma novidade atual, nem das culturas urbanas ocidentais. Há um sem-número desses casos em momentos históricos diferentes, como o das mulheres-girafa da Tailândia, com seus anéis metálicos em torno do pescoço, ou os *piercings* e alargadores usados pelas mais diversas tribos indígenas. Mas na cultura somática as modificações corporais constituem um caso *sui generis* de personalização do corpo. Na contemporaneidade, as práticas de modificação corporal — tatuagens, *piercings*, cortes e queimaduras que deixam cicatrizes e marcas sobre a pele, implantes subcutâneos, *bodybuilding* — nos fornecem um amplo espectro de usos que se têm admitido para o corpo como palco performático.

Entre as diversas abordagens possíveis para compreender as atuais formas de utilização do corpo, duas se destacam, ainda que nenhuma nos pareça suficiente para abordar os sentidos das modificações corporais na contemporaneidade, por sustentarem leituras empobrecidas, que reduzem a complexidade do fenômeno.

A primeira delas as considera um elemento constitutivo da sociedade do espetáculo e do consumo. Tatuagens e *piercings* não seriam práticas associadas com grupos especificamente marginais e subculturas, mas tendências que incorporaram o exotismo e o ecletismo da moda na sociedade contemporânea. As modificações corporais constituiriam um carnaval de signos sem significado, ou seja, uma mistura confusa de estilos e dispositivos apropriados a partir de fontes diversas (Sweetman, 2000).

A segunda abordagem considera que as modificações corporais são condutas patológicas ou casos discretos de automutilação, porque nelas o corpo seria considerado imperfeito e digno de aprimoramento. Sobre o tema existe vasta literatura no campo da saúde mental, na qual se encontram indicações de tratamento, desde o uso de psicofármacos até terapias psicodinâmicas, cognitivas e comportamentais (Favazza, 1996). A consequência fundamental dessa forma de abordagem é a redução dessas práticas a comportamentos patológicos.

As duas abordagens mencionadas têm traços reducionistas e não oferecem meios suficientes para abordar o fenômeno. No seu estudo etnográfico da subcultura californiana da *nonmainstream body modification*, Myers (1992) conclui que as razões que levam os indivíduos a se submeterem à modificação de seus corpos são tão diversas como são as tentativas de explicação do fenômeno. Os múltiplos sentidos que essas formas particulares de utilização do corpo definem na atualidade não podem ser entendidos a partir de teorias totalizantes, mas sim a partir de hipóteses localizadas sobre casos específicos de pessoas e grupos.

As biotecnologias, por sua vez, produzem novas condições de possibilidade para a relação entre corpo, fragmentos de corpos, identidades humanas e o sistema social no qual se inserem. Os indivíduos alteram suas concepções de corpos de modo a acomodar as possibilidades de fragmentação e remontagem surgidas das mudanças tornadas possíveis nas últimas décadas, como o avanço nas técnicas de transplantes, de cirurgias plásticas e outros campos.

Assim, os corpos tornam-se progressivamente biônicos, incorporando válvulas, marcapassos, peças de titânio, implantes cocleares, membros robóticos, dispositivos potencializadores da visão, próteses orgânicas e inorgânicas, que nos confrontam com essas interfaces entre humano e não humano. O caso específico das próteses, em seus mais variados tipos, é um exemplo ilustrativo da incorporação de artifícios não humanos ao esquema corporal, como uma expansão dos limites de nosso corpo. Elas não somente restauram capacidades perdidas, como é o caso da prótese patelar, mas instauram características inexistentes antes delas, como é o caso da prótese de silicone nos seios, nos glúteos e no mento (queixo). Todos esses acessórios estão alterando nossas possibilidades perceptivas, sensoriais e motoras.

Essas novas definições do corpo nos forçam a compreender que: "[d]o mesmo modo que não se pode afirmar que o corpo e a experiência que se faz dele tornam-se menos verdadeiros com o silicone, ou que o bem-estar psíquico é menos autêntico sob o efeito de antidepressivos, não se pode afirmar que a intimidade construída na artificialidade das tecnologias de comunicação seja menos autêntica e verdadeira. Todos esses instrumentos e dispositivos assistem o indivíduo contemporâneo para o qual uma nova norma a ser cumprida parece ser a da autonomia e da responsabilidade por si mesmo" (Bruno, 2004a, p. 119).

Esses novos desempenhos corpóreos, como os denominou Costa (2004), construídos à luz dos limites engendrados para o corpo e para a subjetividade, modificam alguns dos padrões tradicionais de normalidade e nos lançam à criação de normatividades adequadas à versatilidade do equipamento biológico de que se dispõe. O campo da saúde mental e das práticas de intervenção sobre o sofrimento psíquico a partir dos anos 1970 é um terreno privilegiado para a análise das mudanças na relação entre normal e patológico.

As inovações nos sistemas de classificação das doenças são um bom demonstrativo dessas mudanças. *O manual de diagnóstico e estatística dos transtornos mentais* (no original, *Diagnostic and Statistical Manual of Mental Disorders* – DSM), publicação da American Psychiatric Association, tem sua 4ª edição publicada em 1994. Por sua vez, a 10ª *Revisão da classificação estatística internacional de doenças e problemas relacionados com a saúde* (CID) (no original, International Statistical Classification of Diseases and Related Health Problems – ICD) tem sua última reedição em 1993. As edições da CID-10 (1993) e do DSM-IV (1994) contam desde então com novas configurações diagnósticas, que já vinham aumentando desde a primeira edição de cada um deles. Ora, a adoção desses sistemas classificatórios permite uma gama de novos transtornos que escaparam ao que neles estava previsto nas edições anteriores (Serpa Jr., 2003).

As asserções de Georges Canguillem em seu célebre livro *O normal e o patológico* se mostram pertinentes e capazes de produzir reflexões na atualidade. Um dos primeiros pontos que vale destacar da visão de Canguillem é a indissociabilidade entre regras fisiológicas do organismo e normas sociais, o que define o caráter simultaneamente individual e holista do modo como o autor concebe as relações entre normal e patológico.

Para o autor, o que se considera normal ou saudável depende de uma avaliação social, e não apenas de uma média estatística, um fato biológico. Isso significa que as médias fisiológicas não são uma determinação prioritária para o normal — ao contrário, elas são o resultado da atividade normativa do organismo, que, em relação a seu meio, é capaz de instaurar normas. O homem normativo, mais do que aquele adaptado aos valores das constantes fisiológicas, é aquele capaz de instituir normas, mesmo orgânicas. Esse primeiro ponto introdutório nos serve para ressaltar o caráter eminentemente judicativo da concepção de normatividade no referido autor — ou seja, o conceito de normalidade é um valor, não uma constante biológica.

É interessante compor as ideias de Canguillem com as de outro autor com o qual tem bastante sintonia nesse ponto das relações entre normal e patológico. Referimo-nos aos clássicos estudos antropológicos de Claude Lévi-Strauss (2008) sobre a eficácia simbólica dos feiticeiros. O autor se dedica a compreender, na tribo panamenha dos Cuna, como um xamã, com um simples canto, não toca a parturiente com problemas no parto, nem lhe administra remédios, mas é capaz de intervir sobre sua dificuldade de dar à luz a criança.

A eficácia de práticas desse tipo se baseia tanto na crença do feiticeiro na força de sua magia quanto na crença do doente de que o feiticeiro cura. As condutas mágicas tratam da construção de uma narrativa que incorpore as experiências intoleráveis do sofredor a algum esquema simbólico presente na cultura. Os estudos de Lévi-Strauss apontam para um mesmo lugar que os de Canguillem: o corpo e seus processos, a saúde e a doença não pertencem somente ao registro anatômico e funcional, mas a uma dimensão sociocultural de sentidos partilhados. Há, portanto, uma construção mútua e indissociável das regras fisiológicas e normas sociais.

As análises desses autores nos permitem concluir que o normal não é um atributo do meio, tampouco do organismo, mas da relação de um com o outro. No limite, poderíamos dizer que as médias e constantes fisiológicas refletem não somente uma normatividade vital, mas uma normatividade social, porque as constantes fisiológicas são a expressão de normas coletivas de vida. Canguillem assinala que a normalidade não pode ser um critério puramente biológico e estatístico. É o sofrimento, a queixa subjetiva que situa uma variação do corpo no registro de uma patologia.

Nesse ponto, cabe ressaltar uma diferenciação terminológica importante indicada por Canguillem. Uma anomalia seria uma variação biológica, em relação a uma média. Caso ela seja experimentada negativamente, ou seja, caso restrinja a capacidade de o organismo ser normativo, será considerada patológica. Se não trouxer repercussões para o indivíduo, será ignorada ou concebida como uma variedade do corpo. O que decide se a anomalia deve ser considerada variação ou patologia é a reação particular que aquele organismo estabelece com seu meio e sua experiência de sofrimento.

Sendo a vida uma sucessão de preferências e exclusões, quando um ser vivo reage a uma doença, lesão ou incapacidade está demonstrando sua normatividade vital, mesmo nas situações de doença. A doença é, então, uma oportunidade para o exercício da normatividade, isto é, para a instauração de novas normas — orgânicas e psíquicas — que permitam a continuidade da vida. Já a saúde, por sua vez, seria a capacidade de ultrapassar o estado inicial do corpo ou de fazer com que este último realize o que ele parecia não alcançar previamente (Canguillem, 2005).

Uma consequência fundamental da distinção da patologia como valor, e não como desvio da média, é a ideia de que uma variação no organismo não é necessariamente uma doença. E quem não encontraria em si mesmo inúmeros exemplos de particularidades em relação à própria saúde que nos singularizam sem, no entanto, nos trazer a experiência de sofrimento? Como diz Canguillem, o patológico derivaria de um sentimento da vida contrariada, mas nem toda diversidade física tem essa consequência. No limite, o que o autor nos permite concluir é que a descoberta do fato patológico não é tributária da ciência, mas da queixa e do mal-estar experimentados pelo indivíduo.

O campo dos "estudos da deficiência" nos oferece uma ilustração esclarecedora sobre o tema da normalidade como valor. Desde a década de 1970, a deficiência passa a ser concebida como uma forma corporal singular de estar no mundo, e não mais como uma variação do padrão considerado normal na espécie humana. Esse é um avanço importante no campo, já que desde o século XVIII a deficiência era compreendida sobretudo como a experiência de um corpo fora da norma.

Opor-se à ideia de que a deficiência é uma anormalidade em si mesma não significa dizer que um corpo que não vê, não se locomove ou que não ouve não necessite de recursos médicos ou de reabilitação. Significa compreender que a desvantagem vivida pelo deficiente não é intrínseca à lesão apresentada. A condição física só pode ser considerada uma desvantagem em um cenário sócio-histórico no qual há um padrão de normalidade, em torno do qual giram as oportunidades de inserção social.

Pessoas consideradas não deficientes precisam ou podem precisar de auxílio médico e algumas delas chegam a depender de cuidados e aparatos permanentes para permanecer vivas. Pensemos, por exemplo, no caso dos diabéticos dependentes de insulina, no dos portadores de glaucoma, dependentes do uso diário de colírios estabilizadores da pressão intraocular, dos esquizofrênicos assistidos por medicamentos sem os quais os sintomas retornariam significativamente, dos portadores de marcapasso cardíaco, para regulação dos sinais elétricos do coração — dentre outros tantos casos que não costumamos qualificar de deficientes.

Essas reflexões, se expandidas para o campo daqueles que apresentam alguma lesão limitante, nos levam a concluir que não é necessariamente a lesão que restringe a habilidade de seu portador, mas a falta de recursos disponíveis para a adaptação às suas necessidades, em sociedades pouco atentas à diversidade humana e às modalidades diversas de desempenho corporal.

Esse debate demonstra um deslocamento importante operado pelos estudos da deficiência. Antes, tínhamos uma concepção inteiramente centrada na leitura biomédica, segundo a qual a deficiência era uma consequência natural da lesão, que impunha restrições à participação de seu portador na sociedade. A essas restrições, o modelo biomédico poderia oferecer auxílio, acolhimento e reabilitação. A partir dos anos 1970, sob a influência do "modelo social da deficiência", no qual as restrições sofridas devem ser buscadas nas barreiras sociais que dificultam a vida do deficiente, a diversidade corporal passa a também poder ser compreendida como uma construção social. Esse modelo sustenta que a definição consensual da normalidade é um valor calcado em ideais de um indivíduo produtivo, imerso no sistema capitalista.

Risco e indivíduo somático

Um dos ingredientes que também demarcam as novas relações que estamos testemunhando entre normalidade e patologia é a noção de risco. Talvez possamos falar que estamos diante de um deslocamento do polo da normalidade/anormalidade ou da saúde/doença para o do controle e evitação dos riscos potenciais de adoecer, o que Robert Castel (1987) denominou de "a gestão dos riscos" em seu livro homônimo. A saúde seria, assim, uma conquista advinda do controle e da administração perene dos riscos e do manejo do potencial de adoecimento de cada um — tanto as inscritas no genoma quanto as decorrentes do estilo de vida, como o consumo de álcool, cigarro e gorduras, a exposição em excesso ao sol e à poluição.

A permeabilidade da noção de risco no mundo contemporâneo é bem ilustrada pelo personagem do indivíduo em risco genético, isto é, aquele que, por resultados de testes previamente realizados ou pela presença na família de doenças com determinantes genéticos, se vê como alvo de um destino potencialmente fadado à doença.

Os desígnios da genética e as informações que ela pode oferecer operam em um campo político e ético no qual os indivíduos são permanentemente incitados a formular estratégias para maximizar suas chances de vida, com o objetivo de aumentar a qualidade de vida e agir prudentemente em relação a si mesmos e à prole. Como a vida tornou-se uma empreitada estratégica, que cada um deve gerir com prudência e eficácia, as categorias de doença e saúde tornaram-se veículos de produção de identidade e subjetividade.

O indivíduo portador de risco genético para determinadas doenças é apenas um aspecto de uma mudança mais abrangente na visão da vida que, na contemporaneidade, é investigada em um nível molecular e funcional. O termo individualidade somática (Novas e Rose, 2000) resume essa mutação no modo de a identidade ser concebida, apontando para novas relações entre o corpo e o eu.

Na medida em que o corpo se torna sujeito de um olhar microscópico, a vida humana é relida como um amontoado de processos passíveis de reformulação molecular. Uma nova linguagem biomédica para descrição e julgamento desloca-se do discurso esotérico da ciência para o discurso leigo dos cidadãos. A disponibilidade de testagem genética e de acesso a detalhes do interior do corpo introduz uma nova dimensão relativa ao risco de desenvolver doenças, criando outras categorias de indivíduo. Práticas de responsabilização conduzem a atos de escolha individual que devem servir para repensar a relação com futuros cônjuges e o estilo de vida, a partir dos riscos de doenças.

Como resultado desses conhecimentos, os indivíduos com risco genético para o desenvolvimento de certas doenças devem ser identificados e receber terapias preventivas. Às vezes esses pacientes em risco são tratados como se fossem desenvolver a forma mais grave de uma doença, a despeito de a penetrância dos genes permanecer uma questão desconhecida (Novas e Rose, 2000; 2004). É o caso, por exemplo, das mulheres que realizam mastectomias bilaterais preventivas tendo tido parentes com esse tipo de câncer e testes com resultados positivos para mutações nos genes BRCA1 e BRCA2 — que aumentam as chances de desenvolvimento desse tipo de câncer. Esse procedimento tem se tornado cada vez mais comum, sobretudo na América do Norte, para casos profiláticos, quando a mulher ainda não tem qualquer sinal do desenvolvimento da doença (Hartmann, Schaid e Woods, 1999).

Cabe notar que as novas descrições genéticas, cerebrais e somatizantes do indivíduo contemporâneo, que permitem recatalogar doenças e patologias sob a luz de agentes somáticos, não conduzem a qualquer fatalismo diante de um suposto destino biológico. Ao contrário, cria-se a obrigação de agir no presente em relação ao potencial que se mostra em curso. Em vez de provocar desespero, o conhecimento dos riscos do corpo provoca uma "economia da esperança" (Novas, 2006), na qual a biologia não é um destino inelutável, mas sim um território passível de manipulação. Longe de gerar resignação e passividade em face do destino biológico, essas novas formas de subjetivação vinculadas a aspectos somáticos dão origem a estratégias de planejamento do presente e do futuro.

A noção de risco, além de oferecer um ponto de apoio para modelar o território da subjetividade, sustenta práticas de governabilidade — deliberações, estratégias e táticas empregadas pelas autoridades para agir sobre a população. A partir de 1980, por exemplo, desenvolveram-se mudanças nas formas de cidadania e ativismo político que têm girado em torno da saúde e da doença. A cidadania biológica é o modo pelo qual Novas e Rose (2004) se referem aos processos de biologização da política, em que projetos para os cidadãos são formulados a partir de critérios somáticos. As práticas de cidadania há muito tempo vêm sendo uma questão biológica. Mas algumas reformulações são particularmente notáveis desde o fim do século XX.

Uma delas é que a vitalidade dos indivíduos tem sido uma fonte de valor econômico e político desde o século XIX, quando as autoridades políticas tomaram para si a obrigação e a responsabilidade de preservar e salvaguardar o capital biológico da população. Outra é a reconfiguração do território da governabilidade em comunidades, sobretudo em comunidades virtuais, cujos participantes estão ligados por uma identificação não geográfica dos ativistas.

Isso significa que está em curso uma reformulação da política e da economia da saúde — as relações com o aparelho de Estado, com o conhecimento médico, com as atividades das empresas. Na medida em que a política começa a ter incidência sobre o corpo individual e da coletividade, a vida se investe de significado social e capital e a vitalidade de cada um se torna uma fonte de biovalor. De fato, as descobertas neurocientíficas acentuaram o potencial e a esperança para curas e tratamentos de certas doenças, bem como promoveram a possibilidade de aprimorar a saúde. No limite, a manipulação da vida, sob a égide das neurociências, torna o corpo passível de produzir valor econômico.

Todo esse cenário aqui descrito de modo amplo apresenta incidências diretas nos modos como a relação normal/patológico tem sido pensada. Essa relação tem sido reformulada pela tendência a pensar a patologia como *handicap*. A referência à deficiência está relacionada à fragilização da distinção entre curativo e paliativo, bem como a uma reorganização das relações entre doença, saúde e socialização. A noção de deficiência coloca em primeiro plano as performances sociais, pois depende de uma medida de eficiência do comportamento, sendo estendida das patologias físicas às mentais (Castel, 1987).

No campo da saúde mental, a noção de deficiência enfatiza um ideal de autonomia e de autogestão e concepções dominantes nas orientações terapêuticas, talhadas na ideia de trabalho para os adultos e resultados escolares para as crianças. Os pacientes são incitados a autogerir seus sintomas, encontrar soluções para seus problemas e contribuir ativamente com o tratamento.

Se no decorrer do século XIX as figuras da anormalidade passavam pelo louco ou pelo criminoso, a principal figura desviante na atualidade é a daquele que não quer se responsabilizar por si mesmo, dos incompetentes no controle da vontade para o domínio do corpo e da mente (Costa, 2004). O fracasso em atingir e manter os ideais de saúde socialmente definidos é considerado uma expressão da fraqueza da vontade. O irresponsável por si mesmo é marcado pela fraqueza da vontade, em tempos em que cada um deve gerir responsavelmente sua saúde. Em contraposição, a normalidade desejável é o indivíduo capaz de autocontrole.

Haveria, assim, diversas tipificações entre aqueles que não têm as rédeas da própria vontade: os dependentes ou adictos, que não controlam a necessidade de drogas, sexo, amor, consumo, exercícios físicos, jogos de azar, internet; os desregulados, que não conseguem moderar o ritmo ou intensidade de suas carências físicas ou mentais (bulímicos, anoréxicos, portadores de síndrome do pânico ou fobias sociais); os inibidos, que se intimidam com o mundo e não expandem a força de vontade (distímicos, apáticos, não assertivos, estressados); os deformados, que estão defasados na busca de práticas de *fitness*, como os obesos, sedentários ou envelhecidos. Todos esses tipos, comuns no mundo contemporâneo, partilham em maior ou menor grau um uso mal controlado da vontade e de uma defasagem em relação ao imperativo de procurar atingir sempre o melhor de si, segundo o que nos dita a crença na saúde perfeita (Costa, 2004).

Fruição sensorial ou restrição experiencial?

É interessante observar que o interesse despertado pelo somático em nossa cultura abre novos polos de atenção sobre o corpo. Um deles é o da fruição sensorial. Os indivíduos se tornam vorazes por novidades e prazeres e pouco interessados em apegos fora de moda a compromissos duradouros. São instados a colecionar sensações inéditas e a desejar os inúmeros adereços identitários que nos são disponibilizados.

Jurandir Freire Costa, no seu *O vestígio e a aura*, propõe alguns retoques importantes à tese segundo a qual vivemos, desde a modernidade, em um lento processo de crise dos valores, frente à qual o indivíduo se viu levado a basear o sentimento de identidade no hedonismo e no narcisismo. O primeiro deles diz respeito a essas ideias pressuporem que a hipertrofia da economia capitalista diluiu esferas da vida social em práticas de consumismo hedonista, que estão na base do contemporâneo culto ao corpo. O autor afirma, no entanto, que não se trata de uma perda de valores na sociedade atual, mas da emergência de novos valores calcados no triunfalismo cientificista. O segundo ponto a ser retificado é que o hedonismo aparente encobre uma grande restrição no uso dos prazeres, demonstrado pelas novas disciplinas corporais, que denotam mais um "pavor da carne" (Sibilia, 2004) do que uma fruição plena dos prazeres.

Isso significa que se, por um lado, o corpo é adorado e valorizado como um capital que devemos gerir e no qual devemos investir, ele é, por outro, rejeitado e desprezado em sua organicidade e sua materialidade. Mais do que uma evidência de hedonismo, o tratamento contemporâneo que damos aos corpos demonstra que seu enaltecimento como palco de performance e design encobre um concomitante desprezo por sua realidade, suas imperfeições, sua parcela abjeta. Viria daí o imperativo de pureza e sacrifício que, através de práticas de restrições alimentares, exercícios físicos, cirurgias plásticas e procedimentos cosméticos, ofereceriam aos homens um uso otimizado do corpo e uma saúde pretensamente perfeita.

A ideologia da saúde perfeita nos leva a crer que um corpo fora dos padrões de autocontrole tem origem em uma falha de caráter, em uma falta de manejo de si próprio. É curioso notar a antinomia induzida por essas práticas, que Costa (2004) observou de forma precisa: a vontade é definida como mestra do corpo, mas seus malogros são atribuídos a causas fisicalistas, que não implicam aquele que está agindo. Assim, os indivíduos são levados à autorreprovação pelo mínimo desvio de regras de autocontrole, mas encontram meios socialmente convincentes de se isentar da responsabilidade pela falta dele.

Capítulo 3
Vírus, genes, cérebro e outros reducionismos na contemporaneidade

Há algo em comum nas explicações etiológicas que sobressaem entre pacientes e médicos na atualidade: sejam vírus, seja um mecanismo imunológico deficiente, seja um padrão de ativação cerebral alterado, todas elas tratam de um substrato orgânico considerado suficiente para gerar uma doença. Note-se que o agente não é somente necessário, mas também é buscado como causa determinante da doença. O que temos nesse caso é um reducionismo fisicalista, isto é, a tentativa de explicar um fenômeno unicamente a partir de aspectos biológicos.

O cérebro tem recebido um destaque considerável nessa lista de agentes biológicos. De fato, é necessário lembrar que o cérebro esteve na mira das explicações possíveis sobre as causas das doenças, no caso de diversos transtornos sem lesão em outros momentos da história médica, como é o caso da histeria e da neurastenia, no fim do século XIX. Mas as hipóteses explicativas que hoje vemos surgir reinventam-no como agente etiológico à luz das novas técnicas disponíveis.

Mas qual é o contexto da ascensão do cérebro como substrato explicativo para doenças de diferentes ordens? Possíveis respostas: o solo de cultura somática no qual esse tipo de ideia ganha espaço; a voga de estudos neurocientíficos que estende as investigações da relação do cérebro às perturbações mentais e comportamentais; o desenvolvimento do campo das neuroimagens e seu poder de convencimento público. Além disso, um dos pontos que sustentam o desenvolvimento de uma concepção dos indivíduos baseada exclusivamente em seus cérebros é que, desde a década de 1980, as neurociências passaram a incluir comportamentos sociais e morais no seu rol de preocupações. Disso decorre que as psicopatologias foram paulatinamente tratadas como neuropatologias, trazendo a expectativa de ação sobre a máquina cerebral e o aumento de sua capacidade de performance (Ehrenberg, 2004).

Certamente, a narrativa reducionista que compete mais diretamente com o cérebro é a dos genes. A descoberta do DNA como suporte da hereditariedade abriu um campo de pesquisa sem precedentes em torno da estrutura do gene. No entanto, se o genoma também pode ter se tornado uma metáfora para a alma, o cérebro articula de modo mais direto a relação com a identidade. Algumas razões para isso são empíricas: os genomas são replicáveis, os cérebros, não. Outras razões são filosóficas: já que as influências genéticas sobre a personalidade e o comportamento precisam ser mediadas pelo cérebro, o determinismo cerebral não pode ser refutado.

Assim, ao longo do século XIX, o cérebro lentamente foi ganhando o lugar da alma como órgão definidor da identidade (Hagner, 1987). A transformação deste último em órgão da alma traz como consequência que a pesquisa das funções mentais seja uma das pedras angulares da pesquisa neurocientífica. O lugar procurado no cérebro para compreender a mente tem constituído a dobradiça entre as duas substâncias — mente e corpo — ou o ponto em que, supostamente, os processos psíquicos e físicos se transformam um no outro. Não é sem motivo que as neurociências têm se desenvolvido amplamente ao longo dos dois últimos séculos.

As neurociências e a relação mente e cérebro

Poucos objetos no campo das ciências da vida exerceram ao longo da história médica fascínio tão contínuo quanto o cérebro e suas funções. Se a relação entre a biologia do cérebro e suas manifestações mentais estivesse totalmente esclarecida, talvez não nos inquietássemos tanto sobre o papel do cérebro na formação das características humanas. Mas essas relações não estão determinadas por qualquer ramo científico que dela se ocupe: nenhuma área da pesquisa é taxativa sobre o desempenho das funções cerebrais e sua relação com as expressões mentais, assim como os achados das pesquisas genéticas, quando demonstraram a existência de algum determinismo hereditário, deixam aberto um espaço enorme para a influência ambiental na constituição do fenótipo (Serpa Jr., 1998). Esse é um território de grandes dúvidas e caminhos ainda incipientes. Também por isso, alvo de embates constantes.

São muitas as tendências relativas aos estudos sobre o cérebro, incluindo a neurociência molecular, a genética psiquiátrica, a neurogênese, o imageamento cerebral, o desenvolvimento de medicamentos psiquiátricos e outras neurotecnologias. Além dessas diferentes abordagens, os objetos de estudo também são diversos, podendo englobar desde investigações do sistema nervoso, doenças degenerativas (Parkinson e Alzheimer), lesões medulares, memória, percepção e cognição até o impacto das mensagens de marketing, os efeitos cerebrais do acúmulo de dinheiro e os marcadores biológicos de experiências místicas.

Soma-se a esse mosaico das neurociências o fato de que nelas encontramos posições diversas, desde as mais centradas no cérebro como polo de desenvolvimento das faculdades mentais até as mais holistas. Tal é o caso dos estudos de Varela, Thompson e Rosch (1991), nos quais o cérebro é concebido a partir de um ponto de vista situado — o que significa que nenhuma das suas funções pode ser compreendida sem observar critérios que estão, por assim dizer, fora dele, como o corpo e o ambiente com o qual ele se interconecta. Isso nos dá um panorama breve do quão amplo é o campo das ciências do cérebro.

Mas a maioria das inovações no campo das neurociências em direta relação com a atualidade ocorreu, sobretudo, nos dois últimos séculos. Um primeiro momento importante no desenvolvimento das neurociências é o que se pode chamar de localizacionismo cerebral. Essa doutrina pressupõe, de forma genérica, que certas áreas do cérebro são responsáveis por determinadas funções.

Sabemos que a ideia de localização de funções cerebrais em áreas específicas, apesar de ainda vigorar, é muito mais flexível do que se imaginava e que partes cerebrais que não se supunha atuarem em determinadas funções podem passar a realizá-las em circunstâncias particulares, como no caso de uma lesão. Ou seja, a capacidade cerebral de realizar tarefas é muito mais distributiva do que se imaginava e o cérebro, muito mais plástico do que se supunha.

Mas a ideia central do localizacionismo, *grosso modo*, é a de que há áreas do cérebro preferencialmente destinadas a certas funções. Por exemplo, sabe-se que a área occipital está mais diretamente implicada em certos processos de visão, muito embora possa haver outras áreas do cérebro convocadas para as funções visuais. É o que se sabe também sobre as áreas temporais que estão mais diretamente envolvidas nos processos da audição, dentre outras.

Uma das expressões mais famosas dos primórdios do localizacionismo é a frenologia. Esse campo de saber se baseava no estudo da estrutura do crânio de modo a determinar o caráter das pessoas e sua capacidade mental. Franz Joseph Gall e Johann Spurzheim são seus principais expoentes. Muito embora Gall seja frequentemente associado à frenologia, ele não utilizava o termo, preferindo falar em organologia e fisiologia do cérebro.

Gall era mais comedido do que Spurzheim, permanecendo cético a respeito das correlações entre a topografia craniana e os processos mentais. Muito embora no gesto de Gall não se reconheça o intuito de associar mente e cérebro, coube a Spurzheim propulsionar a frenologia e a explorar a relação entre faculdades mentais e características anatômicas. Ele não se acanhava em utilizar o termo e em difundi-lo, bem como em propalar que as faculdades intelectuais tinham direta relação com a organização do cérebro, que seria composto por subórgãos com funções específicas. Foi ele o principal responsável pela popularização da frenologia (Clarke e Jacyna, 1987).

A ideia de que as características cranianas poderiam informar sobre aspectos morais e intelectuais dos indivíduos se desdobrou na utilização de técnicas de mensuração do volume e da circunferência do crânio com o objetivo de distinguir e relacionar etnias. Esse tema é analisado em *A falsa medida do homem*, de Stephen Jay

Gould, no qual o autor debate o argumento do determinismo biológico para corroborar ideia de hierarquia étnica e de superioridade do homem branco ocidental. A construção de um perfil de personalidade a partir das circunvoluções cerebrais dava lugar, sobretudo, aos preconceitos do intérprete a respeito do examinado.

Outro episódio importante para compor o mosaico de histórias do desenvolvimento das neurociências é o famoso caso de Phineas Gage, ocorrido em 1848. O operário australiano sofreu um acidente com explosivos em uma estrada de ferro e teve seu cérebro perfurado por uma barra de metal, sobrevivendo apesar da gravidade do acidente. Pouco tempo depois, Gage teve mudanças na personalidade e no humor, transformando-se em um homem desrespeitoso com os colegas e incapaz de se comportar adequadamente. Esse caso é considerado um momento crucial nos estudos da relação entre lobo frontal — parte atingida no acidente — e características de personalidade, já que a lesão naquela parte passou a ser associada às funções mentais e emocionais alteradas em Phineas depois do acidente.

Outro capítulo na história das neurociências com o qual convivemos diretamente é o do desenvolvimento de imagens do cérebro e de seu funcionamento. Desde Vesálio, com seus primeiros desenhos em meados do século XVI, passando pelos raios x, até hoje em dia, com as técnicas avançadas de imageamento, a visualização médica tem sido um campo importante na história da medicina, dando acesso ao interior corporal, permitindo especular sobre seus mistérios e ampliando o raio de ação diagnóstica e terapêutica em diversas áreas da medicina. No caso das pesquisas sobre o cérebro, as imagens também têm tido importante destaque, principalmente em tempos mais recentes, em que elas podem acompanhar não só a anatomia, mas as funções por ele executadas.

No entanto, é preciso ressaltar que o processo de cerebralização da identidade — ou seja, de ascensão do cérebro como polo explicativo de doenças e comportamentos — não é um mero resultado do progresso científico, de avanços definitivos no conhecimento da estrutura e do funcionamento do cérebro nem de grandes avanços sobre as quais se tenha edificado um lugar de autoridade ao cérebro (Vidal, 2005; Vidal e Ortega, 2007). Isso não significa que o desenvolvimento desse campo não tenha relação com o alcance a que chegaram as técnicas de visualização, já que é inegável que o acesso visual e não intervencionista sobre o cérebro aumentou a cota de conhecimento sobre ele e a ilusão de controle sobre seus processos.

Mas a legitimidade do cérebro como ator social e como polo de convergência de explicações socialmente disponíveis e legítimas sobre as doenças não ocorreu em função exclusiva desses avanços. É porque nos encontramos em um solo de cultura somática que ao cérebro se endereçam perguntas sobre a essência das doenças. Os métodos de neuroimageamento, sem dúvida, sofisticaram o discurso da cerebralização da identidade, dando estofo e propulsão a ele, mas não foram a causa da ascensão do cérebro como resposta considerada convincente para doenças e comportamentos. Nesse contexto, é necessário compreender o modo pelo qual o cérebro tem funcionado como uma explicação considerada suficiente, socialmente dotada de poder de convencimento e, por consequência, como fator etiológico para transtornos de ordens diversas.

O desenvolvimento do "sujeito cerebral"

É dentro do contexto de uma cultura somática cada vez mais acirrada que se desenvolve o processo de cerebralização da identidade ou, em outras palavras, a construção da ideia de que o cérebro e seu funcionamento definem exclusivamente as propriedades pessoais dos seres humanos. Que o cérebro seja um órgão necessário para o desenvolvimento de funções vitais e do exercício das capacidades humanas ninguém contestaria. O que é digno de crítica é que particularidades do seu funcionamento sejam consideradas suficientes para a formação de certas características do agir humano: escolhas morais, patologias mentais, práticas sexuais, dentre outros.

Desde o século XVIII, o cérebro vem lentamente se tornando um lugar de destaque na formação do que se considera a identidade pessoal. Esse processo está em marcha desde o desenvolvimento das primeiras pesquisas da frenologia, que no início do século XIX afirmava ser capaz de determinar características de personalidade pelo formato do crânio. Todavia, ao menos no Ocidente industrializado, desenvolve-se mais acirradamente a partir da segunda metade do século XX o que se denominou sujeito cerebral (Ehrenberg, 2004; Vidal, 2005; Vidal e Ortega, 2007). Essa figura antropológica em emergência indica uma série de práticas, discursos, formas de pensar sobre si e o outro que tomam como base a ideia de que o cérebro é o órgão exclusivamente necessário para construir nossa identidade saudável ou doente. A consideração de que o cérebro — e não a mente — é suficiente para determinar o que somos é o que se aponta por meio do neologismo *brainhood* ou cerebridade (Vidal e Ortega, 2007;

Vidal, 2009): a equalização entre a condição de ter um cérebro e a de ser uma pessoa ou a definição das propriedades de um ser humano a partir de qualidades e atributos cerebrais. É dentro do contexto de uma cultura somática cada vez mais acirrada que o sujeito cerebral se desenvolve.

Para efeitos de esclarecimento, é necessária uma distinção entre cérebro e mente, no intuito de melhor compreender o que significa a operação de equacionar um ao outro. O cérebro é o órgão fundamental do sistema nervoso que oferece suporte biológico para a coleta de informações do ambiente e para a produção de respostas adequadas. A mente seria o conjunto de funções superiores do cérebro, como a memória, a inteligência, a emoção e o pensamento, cujo funcionamento daria particularidade aos indivíduos. Grandes celeumas são produzidas em torno dessas distinções: seria possível subsumir um ao outro? O todo mental é superior à soma das partes, ou seja, às funções cerebrais? A mente pode alterar a estrutura do cérebro? A posição edificada pelas práticas de cerebrização da identidade parte do pressuposto da equação entre cérebro e mente.

Cabe notar que o chamado sujeito cerebral não existe como uma entidade autônoma que tem efeitos sobre as coisas. São as manifestações (teóricas, práticas e visuais) que permitem postulá-lo como uma visão de ser humano que perpassa, por exemplo, os debates sobre a definição de morte cerebral; o uso dos *scans* cerebrais para o estabelecimento de correlatos neurais de experiências, comportamentos e doenças; a emergência de neuroterritórios de saber, que mesclam conhecimento científico às ciências humanas, tal como abordaremos mais adiante.

O processo de cerebralização dos comportamentos tem desdobramentos dentro e fora dos campos filosófico, psicológico e neurocientífico, sendo condição de emergência de projetos de articulação entre as neurociências com áreas das ciências humanas, que as reformulam à luz do conhecimento sobre o cérebro, tais como a neuropsicanálise, a neuroeducação, a neuroteologia, a neuroética. Todas essas áreas ainda iniciáticas estão paulatinamente se consolidando com eventos, revistas populares e de divulgação científica que as têm como temas de debate, além de organizações e institutos formalmente dirigidos para as interfaces entre neurociências e outras áreas do conhecimento. Abordaremos dois casos como ilustração desses campos em construção.

O caso da neuroeducação

As diferentes formas pelas quais o conhecimento neurocientífico é apropriado têm originado áreas de conhecimento híbridas, que são o resultado de interfaces entre as neurociências e as ciências humanas, como é o caso da neuroeducação. Nosso intuito é apresentar algumas das questões que perpassam esse campo em emergência, já que elas refletem a aproximação — não sem controvérsias — de dois campos de saber com métodos e modos diferentes de olhar para seus objetos.

Um importante alicerce da neuroeducação se assenta na ideia de que conhecer as bases neurobiológicas da aprendizagem pode levar ao seu aprimoramento. Ou seja, os conhecimentos neurocientíficos seriam utilizados como forma de aperfeiçoar métodos e corrigir limitações da aquisição de conteúdos. A partir dessa premissa, desdobram-se práticas de neurodidática e neuropedagogia, para a proposição de melhores formas de o cérebro aprender.

A implicação do cérebro em processos de aprendizagem é considerada óbvia, de modo que ninguém duvidaria que conhecer melhor o modo como as funções cerebrais superiores se processam oferece possibilidades de aprimorar as maneiras de aprender. Essa obviedade é problemática, porque ela nos faz aceitar com mais passividade certas conclusões apressadas, que consideram o cérebro como o único elemento necessário para a aprendizagem ou, no limite, o verdadeiro e único ator em cena. Ou, ainda, como se a aprendizagem fosse o processo realizado por um cérebro, e não uma pessoa que tem um cérebro situado em um contexto sócio-histórico, material, social. Como a neuroeducação contempla posições bastante heterogêneas, apresentaremos alguns dos debates que a recortam.

O artigo de Hart (2008) publicado na revista *Educação*, cuja capa anuncia o tema "Febre de cérebro", detecta e assinala a invasão de explicações neurocientíficas no campo da educação formal, enfatizando tanto o que se pode ganhar com os conhecimentos sobre o funcionamento cerebral quanto a necessidade de evitarmos os chamados neuromitos. Os neuromitos são construídos, por exemplo, quando uma citação de um estudo científico cuidadoso extrai um significado que ultrapassa aquilo que se poderia inferir a partir dele, realizando transposições simplificadoras ou ampliando a capacidade de inferência do achado científico. São práticas desse tipo que fazem com que as ideias neurocientíficas sejam frequentemente incorporadas ao entendimento popular por meio de simplificações grosseiras.

Um exemplo de neuromito é um estudo realizado na década de 1990, que concluía que escutar música clássica na tenra infância favorecia o desenvolvimento das capacidades intelectuais — o que ficou conhecido como Efeito Mozart. Antes mesmo de haver evidências mais sólidas sobre seus resultados, os produtos baseados na promessa do Efeito Mozart passaram a ser comercializados, assim como houve uma distribuição grátis de gravações de músicas clássicas em certos estados americanos (Racine e Illes, 2006).

A ideia do Efeito Mozart surgiu em 1993 na Universidade da Califórnia, com Shaw, Rauscher e Ky (1993, 1995), que estudaram os efeitos da audição de um trecho da Sonata Para Dois Pianos em Ré Maior (K. 448), de Mozart, em estudantes universitários. Descobriu-se que havia um melhoramento temporário do raciocínio espaço-temporal, conforme medido pelo teste Stanford-Binet de QI, que demonstrou um aumento de 8-9 pontos sobre as pontuações dos sujeitos, tendo realizado o teste após um período de silêncio ou de audição de uma fita relaxante.

No entanto, nenhum outro grupo de estudiosos foi capaz de reproduzir os resultados dessa pesquisa, o que fere um princípio básico da fidedignidade da investigação científica. Autores como Steele, Bass e Crook (1999) afirmam ter seguido os protocolos estabelecidos por Shaw *et al.* (1995) sem conseguir obter qualquer tipo de efeito. A despeito de maiores evidências, as pesquisas estimularam um mercado paralelo à ciência, em que a música de Mozart passou a ser vendida para estimular bebês. Apesar de esse ser um exemplo emblemático das reiteradas inferências científicas que aceitamos e descartamos rapidamente, como em um mercado de consumidores, cabe ressaltar que nem só de neuromitos vive a neuroeducação.

Um capítulo especial desse campo é aquele dedicado ao auxílio das crianças com necessidade especiais. O caso de Nico, discutido por Battro (2000), é emblemático. O hemisfério direito do garoto Nico foi removido em um esforço para controlar ataques epiléticos sofridos desde o nascimento. A pergunta que Battro se faz, ao acompanhar o processo de escolarização de Nico dos 5 aos 8 anos, é instigante: como metade de um cérebro pode dar origem a uma mente inteira?

A tese de Battro é a de que o hemisfério restante desenvolveu uma mente por inteiro e que a educação teve um papel fundamental na compensação da perda de tecido cerebral. Nico tinha dificuldade de fazer movimentos finos com a mão esquerda e defeitos visuais, os quais ele compensava com movimentos de olho e de cabeça. Além disso, apresentava dificuldade de desenhar e escrever a mão. A utilização de um computador permitiu que ele adaptasse sua performance a suas dificuldades particulares.

O caso de Nico nos mostra que o ideal de escrever a mão leva em conta, principalmente, crianças em perfeitas condições de aprendizagem. Todavia, para algumas crianças, apertar um botão é muito mais viável do que manejar o suporte (folha ou caderno) e o lápis. Com o computador, Nico conseguiu aprender a ler e escrever e se juntou ao ritmo da turma. O computador tornou-se, então, uma prótese intelectual para o garoto, capaz de construir uma interface entre seus processos cognitivos e o mundo.

As próteses intelectuais podem ser entendidas como físicas (coclear, de membros do corpo, marcapassos, eletrodos no córtex para deficientes visuais etc.) e servem como instrumentos computacionais que criam uma interface com as atividades cognitivas humanas, tais como falar, escrever, ler e desenhar. Elas abrem novos caminhos cognitivos no cérebro, permitindo a substituição funcional das áreas prejudicadas e auxiliando o cérebro a realizar tarefas cognitivas anteriormente processadas por uma área totalmente diferente do córtex.

Um outro exemplo de prótese intelectual é oferecido pelo método de comunicação facilitada (*facilitated communication*), no qual uma pessoa (o facilitador) segura a mão ou o braço do paciente, possibilitando que textos sejam digitados no teclado, por vezes acoplado a um sintetizador de voz. No caso de autistas de baixo funcionamento cognitivo e sem a capacidade de fala, a tecnologia permite que indivíduos considerados com retardo mental avançado demonstrem que têm um coeficiente de inteligência considerado normal. É o caso da autista Sue Rubin, cujo QI era considerado de 50 aos 4 anos e 24 aos 13. Depois de iniciada a utilização das próteses intelectuais, Sue conseguiu graduar-se em história e tornou-se uma célebre ativista do movimento autista, ministrando palestras em congressos e simpósios.

Outra vicissitude que acaba se incluindo no campo da neuroeducação é a ginástica cerebral (*brainfitness*). Tomando como base os novos conhecimentos sobre a plasticidade do cérebro, utilizam-se exercícios para melhorar a saúde cerebral e o nível de otimização de sua performance. Já no início dos anos 1960, o cirurgião plástico nova-iorquino Maxwell Maltz, ao propor a programação neurolinguística (*neurolinguistic programming*), sustentava que crenças e desejos seriam uma espécie de *software* instalado no *hardware*, o cérebro humano. A receita foi vendida em 1960 como psicocibernética (*Psycho-Cybernetics*), alcançando mais de 30 milhões de exemplares ao redor do mundo.

Tem-se, desse modo, um campo de exercícios com o cérebro denominado *brainfitness* ou neuróbica, cujos *bestsellers* repetem as metáforas e os discursos da ginástica corporal predominantes na cultura somática da biossociabilidade. Da mesma maneira que o levantamento de peso na academia ou a corrida fortalecem um determinado grupo de músculos, os exercícios mentais parecem fortalecer e aprimorar por longo tempo as funções cognitivas. A ginástica cerebral envolve certas práticas, como usar o relógio de pulso no braço direito, escovar os dentes com a mão contrária da de costume, andar pela casa de trás para a frente, conferir as horas olhando por um espelho — ou seja, exercitar atividades não usuais, que possam ativar circuitos costumeiramente inativos do cérebro.

A novidade do que hoje se denomina autoajuda cerebral é ser um exemplo claro do "estágio avançado de reificação da subjetividade, que se transferiu dos mecanismos do subconsciente para as circunvoluções do córtex cerebral" (Rüdiger, 1995, p. 120). Nela, todos os lugares-comuns da autoajuda tradicional estão presentes numa roupagem cientificista e cerebralizada, tais como a ênfase na criatividade que engendra a realidade, a ideia de um "eu interior" que pode ser cultivado e promovido pela manipulação cerebral, a insistência na autonomia e no autocontrole de nossos destinos e até da própria realidade. Se na autoajuda tradicional era a mente o centro definidor do sujeito e seu poder permitia mudar a vida, realizar nosso desejo e monitorar nosso desempenho, agora o cérebro ocupa esse lugar reservado outrora à mente.

Esse contexto de estimulação cerebral oferece solo para desenvolvimento de um outro importante assunto no campo da bioética e no da neuroeducação, que é o do *doping* cerebral. O uso de psicofármacos que estimulam a cognição e a concentração, ou que atuam sobre o sono e o cansaço, tem sido um solo fértil de debates na Europa e na América do Norte, alcançando espaço na arena pública entre os periódicos semanais, as instituições universitárias, os jornais populares e expoentes da pesquisa neurocientífica. A substância mais debatida nessa categoria é o metilfenidato (Ritalina), usado para tratar casos de transtorno de déficit de atenção e hiperatividade. Além dela, duas outras drogas têm recebido atenção dos pesquisadores, quais sejam, o donepezil, usado para tratar demência, e o modafinil, para narcolepsia.

Sendo uma questão que abarca o campo biomédico, mas cujos desdobramentos o extrapolam, estendendo-se às práticas sociais e concepções de saúde, o uso *off-label* de substâncias psicofarmacológicas, isto é, fora do objetivo para o qual foram prescritas, faz com que o campo da saúde coletiva enfrente um debate ético cuja importância só aumentará daqui em diante. Prova disso é a presença cada vez mais frequente do tema na mídia impressa brasileira, cujo exemplo recente pode ser citado pelo artigo publicado por Laurence (2009) no jornal *Folha de S.Paulo*, repercutindo o tema do uso de drogas psicofarmacológicas para "turbinar o cérebro".

Esse assunto está em foco na atualidade, principalmente depois de duas manifestações a favor da liberação do uso de medicamentos para aprimoramento da performance cognitiva. Elas defendiam que o uso dessas drogas é um caminho natural do processo de educação formal e argumentavam em favor da regulamentação e eventual liberação de seu uso em pessoas saudáveis (Harris *et al.*, 2008; Harris e Quigley, 2008).

O uso social dessas drogas traz à cena questões que não são simples de serem respondidas, como sua regulamentação ou não em determinados ambientes de trabalho, escolas e universidades ou em casos como os de vestibulandos, motoristas, policiais, médicos, pilotos e outros profissionais que trabalham em situação de privação de sono. Sem dúvida, a situação brasileira merece um detalhamento particular, já que as condições de regulação de medicamentos são diferenciadas em relação aos países europeus e americanos.

O fato é que a utilização do manancial psicofarmacológico para fins de aprimoramento cognitivo é um campo em crescente debate na sociedade atual. A decorrência mais direta desse processo é que ele contribui para uma percepção social do corpo referenciada não somente na possibilidade de promover a saúde, mas de aprimorar a perfomance mental e cognitiva. Esses novos desempenhos corpóreos, como o denominou Costa (2004), construídos à luz dos novos limites engendrados para o corpo e para a subjetividade, modificam as concepções vigentes de normalidade e patologia.

O caso da neuropsicanálise

Outro campo emergente da interface entre as neurociências e as ciências humanas é a neuropsicanálise. Para a Sociedade Internacional de Neuropsicanálise, as neurociências são um campo de reconciliação entre as perspectivas psicanalíticas e neurocientíficas da mente, baseado no pressuposto de que essas duas disciplinas giram em torno dos mesmos objetivos, que são os de tornar o funcionamento mental inteligível, compreender sua função e a de seus elementos constituintes.

Dois nomes se destacam no campo da neuropsicanálise. Um deles é o neurocientista Eric Kandel, premiado juntamente com Arvid Carlsson e Paul Greengard com o Nobel de Fisiologia e Medicina em 2000, por descobertas envolvendo a transmissão e estocagem molecular das memórias. O outro, que estuda mecanismos dos sonhos, da emoção e da motivação, é Mark Solms, psicanalista e professor honorário do Departamento de Neurocirurgia da St. Bartholomew's and Royal London School of Medicine. A pretensão sustentada pelas propostas neuropsicanalíticas, *grosso modo*, é de um diálogo entre as pressuposições freudianas — cuja adequação aos parâmetros da ciência positivista é considerada incipiente pelos neurocientistas — e os resultados das pesquisas das ciências do cérebro, que, supostamente, podem oferecer o solo experimental e o substrato biológico que faltou à teoria freudiana.

Cabe notar que a neuropsicanálise surge em um contexto de declínio na força da psicanálise, que sofre lentos e contínuos abalos depois de 1970. Alguns elementos foram propulsores do declínio psicanalítico, dentre eles o desenvolvimento de drogas psicofarmacológicas de grande eficácia, como a clorpromazina — substância antipsicótica — na década de 1950. Já na década de 1960 surgem no mercado os benzodiazepínicos — medicamentos que atuam na diminuição da ansiedade. Recentemente, a lista de medicamentos mais consumidos no Brasil em 2008 trouxe em segundo lugar um benzodiazepínico popular — o Rivotril —, demonstrando o nível de utilização que esses fármacos atingiram em um curto tempo. Na década de 1970, por sua vez, os antidepressivos ISRS (inibidores seletivos da recaptação da serotonina) começam a ser pesquisados. Daí em diante, os efeitos relativamente rápidos dos medicamentos antidepressivos seriam comparados ao tratamento psicanalítico e muitas vezes considerados mais vantajosos em relação a este último.

Um fato que demonstra a queda do apogeu psicanalítico é a terceira edição do *Manual diagnóstico e estatístico de transtornos mentais* (*Diagnostic and Statistical Manual of Mental Disorders* – DSM). Desde a sua primeira publicação, em 1952, esse sistema de classificação já foi submetido a quatro edições e cinco revisões. O DSM-III, em 1980, promove uma mudança de paradigma no conhecimento psiquiátrico, ao apresentar um modelo que se propõe descritivo e ateórico, tornando possível na psiquiatria o mesmo processo de abstração que permite à medicina classificar e tratar as doenças como entidades universais e transcendentes ao organismo dos pacientes. A principal asserção do DSM-III que o afasta das ideias psicanalíticas é a retirada de expressões como neurose e psicose, na tentativa de refutar vocabulários teoricamente enviesados. O surgimento do DSM-III é um marco da transformação na clínica psiquiátrica, antes influenciada pela psicanálise e desde então cada vez mais alinhada com o modelo biomédico.

A ascensão das tecnologias de imageamento funcional do cérebro, permitindo acesso a funções mentais superiores praticamente ao mesmo tempo que ocorrem, também amplia as possibilidades de estudo de fenômenos cerebrais. A ressonância magnética funcional, por exemplo, trouxe vantagens para o estudo da fisiopatologia dos fenômenos mentais (memória, pensamento, cognição), tornando possível a caracterização de alguns correlatos neurofuncionais de sintomas e patologias. Avaliar a atividade cerebral de forma dinâmica é uma grande vantagem dessas técnicas e, ao mesmo tempo, o maior perigo ético de sua eficácia, gerando perguntas complexas: a emoção, o conflito e a angústia poderiam ser reduzidos ao seu aspecto material e biológico? Encontrar um padrão cerebral para doenças como a depressão significa que a depressão seja uma doença exclusivamente explicada por aquela alteração? Esses são dilemas que perpassam as várias posições divergentes entre neuropsicanalistas e psicanalistas.

É nesse terreno que, diante dos avanços das neurociências e dos abalos sofridos pela psicanálise, entra em voga o campo da neuropsicanálise. Kandel (1999) propõe alguns princípios para esse campo: 1) todos os processos mentais, do mais simples ao mais complexo, derivariam de operações no cérebro. Isso significa que não haveria processo mental imaterial; 2) os genes e suas combinações seriam importantes determinantes dos padrões de interconexão entre os neurônios no cérebro e seu funcionamento, muito embora genes alterados não expliquem por si mesmos as variações das doenças mentais. Do mesmo modo como a combinação de genes contribui para o comportamento social, fatores psicossociais exerceriam ações no cérebro, alimentando e modificando a expressão dos genes e a função das células nervosas; 3) alterações na expressão do gene induzidas pela aprendizagem dariam origem a mudanças nos padrões das conexões neuronais.

Essas alterações não apenas contribuiriam para a base biológica da individualidade, mas seriam responsáveis por iniciar e manter anormalidades de comportamento induzidas por contingências sociais; 4) a psicoterapia produziria mudanças no comportamento pelo aprendizado e alterações na expressão gênica, conduzindo a mudanças nas interconexões entre células nervosas e o cérebro. A evolução do neuroimageamento, para o autor, permitirá, eventualmente, uma medida quantitativa dos resultados da psicoterapia.

Inspirados por esse rol de proposições, ganham força alguns estudos articulando a psicanálise freudiana às neurociências. Esse campo de investigação envolve, por exemplo: 1) o estudo do recalque de memórias indesejadas, pioneiramente descrito por Sigmund Freud; 2) pesquisas com o sonho, objeto primordial da psicanálise freudiana; 3) investigações de modelos animais de psicose que revelam notável semelhança entre os padrões de atividade neural da vigília e do sono REM (*rapid eyes movement*), corroborando a ideia de que o delírio psicótico resulta da dificuldade de discernir o sonho da realidade; 4) a presença de reminiscências da vigília dentro do sonho (restos diurnos) extensamente observada em humanos e roedores durante ambas as fases do sono, tanto em nível molecular quanto eletrofisiológico (Ribeiro, 2007).

Ora, se para muitos autores a tradução neurobiológica de conceitos clássicos da psicanálise é uma forma de lhe outorgar legitimidade científica, para alguns esse intento é epistemologicamente fadado ao fracasso, pois as inovações freudianas teriam rompido os vínculos com a matriz neurológica, instituindo um novo paradigma para a abordagem da mente humana. Como informam Forbes e Riva (2004), a visão simplista da neuropsicanálise consiste em achar que, se Freud tivesse um PET-*scanner*, teria continuado um projeto neurológico, e não psicanalítico. Mas nenhum instrumento tecnológico pode investigar lapsos e conflitos cuja dinâmica ocorre no nível dos sentidos construídos pelo indivíduo para suas experiências, e não apenas no nível da materialidade de processos biológicos.

Por isso, as propostas da neuropsicanálise geram inúmeras reações entre os psicanalistas, sobretudo baseadas na ideia de que Freud radicaliza, ao longo de sua obra, o abandono das explicações somáticas em direção ao campo do psiquismo. Mesmo imerso em um vocabulário fisicalista e um rol de problemas médicos, Freud dá passos importantes em direção a uma autonomia do psíquico. Um exemplo disso é quando o autor sustenta a ideia de que as afasias observadas em doentes não se diferenciam do que se pode observar em pessoas saudáveis quando estão cansadas ou sob efeitos emocionais intensos. Freud sustenta a impossibilidade de uma teoria exclusivamente centrada na localização cerebral, capaz de explicar as afasias apenas a partir de uma relação mecânica entre o clinicamente observado e o anatômico (Freud, 1987 [1891]; Garcia-Roza, 1991).

Posteriormente, o autor realiza uma diferenciação entre os sintomas das paralisas medulares (bulbares) e das paralisias cerebrais ou em massa. A paralisia histérica estaria mais próxima da cerebral, mas não seria totalmente idêntica a ela. A ideia principal defendida nesse texto é a de que a lesão nas paralisias histéricas é completamente independente da anatomia do sistema nervoso, pois a histeria se comporta como se a anatomia não existisse ou como se dela não tivesse conhecimento. Na paralisia histérica do braço, a lesão não está no braço, mas na ideia de braço ou na abolição da acessibilidade associativa da concepção de braço. O órgão paralisado ou a função abolida estaria envolvida numa associação inconsciente (Freud, 1996 [1893]).

No entanto, é com *A interpretação dos sonhos* (1900 [1996]) que Freud opera uma ruptura mais declarada com as concepções orgânicas da mente, esboçando com vigor uma primeira teoria do aparelho psíquico, que dá ao sonho um papel fundamental no acesso ao inconsciente. É no trajeto desde os primeiros textos neurológicos até *A interpretação dos sonhos* que se pode observar o progressivo abandono do modelo neurológico para solucionar os problemas clínicos, bem como a colocação do tema do desejo, do conflito e do inconsciente no seio daquele saber em formação. Quando Freud publica *A Interpretação*, constrói um novo paradigma de abordagem da mente; desse modo, a pretensão de reunir psicanálise e neurociências ou reagrupá-las sob um mesmo vocabulário só pode ser considerada um equívoco, pois não leva em conta a ruptura com a biologia realizada pela teoria freudiana (Forbes e Riva, 2004).

Além disso, a premissa de que a psicanálise precisa ser redescrita à luz dos conhecimentos científicos só faz sentido se se considera que o trabalho de Freud é incipiente do ponto de vista metodológico, não se adaptando aos parâmetros de produção de conhecimento da ciência. Essa é a posição de Solms (1998), que sustenta que a psicanálise, por suas fraquezas metodológicas, está condenada a um ciclo fechado de especulação e não verificação.

Mas essa asserção implicaria desconsiderar que o método de Freud toma a clínica psicanalítica como o local privilegiado de acesso a fontes de dados, já que, para o autor, o método clínico era adequado para a exploração do sofrimento psíquico, pressupondo a singularidade do sujeito e a simultaneidade entre pesquisa e tratamento (Forbes e Riva, 2004). Como acrescenta Winograd (2004), a concepção de científico para Freud se refere sobretudo ao resultado de uma observação cuidadosa, passível de correção dos conceitos e das hipóteses.

A observação do doente em sofrimento se opõe à observação anatomopatológica, hegemônica na constituição da medicina moderna e historicamente comprometida com o empírico e o descritivo. A anatomoclínica teve o cadáver como objeto de estudo, o que ofereceu acesso e conhecimento ao campo das alterações anatômicas correspondentes aos sintomas e ao processo de desenvolvimento de diversas doenças. Mas o método clínico se diferencia do método anatomoclínico, dentre outros aspectos, pelo privilégio dado ao discurso do sujeito e pela importância da palavra no processo terapêutico.

Assim, a ideia de que conceitos freudianos como *id*, *ego* e *superego* poderiam ser localizados no cérebro é considerada absurda para muitos psicanalistas, pois o modelo freudiano diz respeito ao aparato mental, e não ao cerebral. Essa é uma decorrência do abandono do viés localizacionista da neurologia clínica. Por isso, a neuropsicanálise é considerada por alguns um conjunto de analogias superficiais e cientificistas, em que o ideário biologizante do positivismo é eleito como ângulo a partir do qual se julga o que é conhecimento verdadeiro ou não (Forbes e Riva, 2004).

Reducionismos fisicalistas e as reações a eles

Retomando o contexto de nossa cultura fisicalista e o destaque das neurociências na sociedade contemporânea, cabe notar a ironia histórica que vivenciamos: atravessamos um momento de tantas esperanças reducionistas e, ao mesmo tempo, de grande criticismo em relação a esses pressupostos. Estamos continuamente presumindo causas somáticas para os comportamentos, ainda que estejamos, simultaneamente, mais reflexivos, críticos e relativistas em nossa abordagem das classificações das doenças e das modalidades terapêuticas. É como enfatiza Rosenberg (2006, p. 417):

> Nós nunca estivemos tão conscientes da arbitrariedade e da característica forjada dos diagnósticos terapêuticos, ainda que, em uma era caracterizada pelo aumentado gerenciamento burocrático do cuidado com a saúde e pelo reducionismo disseminado das explicações do comportamento normal, bem como do patológico, nós nunca tenhamos estado tão dependentes deles.

Na atualidade, não é possível que se descreva o homem sem levar em conta as descobertas das neurociências, ignorando-se o fato de que a atividade mental está ligada à matéria neuronal. Todavia, tomar essas descrições como uma premissa não deve conduzir à redução da mente à matéria. Trata-se, ao contrário, de pressupor que todo o aparato neuronal é irredutível ao produto da sensibilidade do corpo e da plasticidade do cérebro, da construção neural feita por incorporações sucessivas de percepções e interações com o ambiente.

Essas incorporações, modificando o cérebro sem cessar, favoreceriam sua adaptação dinâmica ao meio, tornando-o uma matéria viva, aberta ao mundo que o renova — e esses processos não poderiam ser objetivados por meio do imageamento científico, nem residiriam em um lugar preciso, que poderíamos observar de maneira localizada. Ainda que invisíveis, esses processos são parte ativa de nossos corpos, formando o tecido de nossas histórias sociais e afetivas. Essa é uma ilustração pertinente quando se trata de demonstrar a insuficiência do argumento fisicalista — centrado na redução ao cérebro como agente exclusivo dos estados mentais — no que tange à relação mente e cérebro.

Capítulo 4
O corpo apesar das tecnologias: novas formas de sofrimento e o dilema psicossomático

Muito se tem falado a respeito de novas formas de sofrimento físico e mental na contemporaneidade. Os exemplos mais flagrantes são o aumento das depressões, das adicções (drogas ilegais, álcool, comida, jogo, sexo, medicamentos, utilização da internet), dos transtornos ligados à imagem corporal, como a bulimia e a anorexia, do transtorno obsessivo compulsivo. Além disso, testemunhamos o aparecimento de entidades como o transtorno do estresse pós-traumático, da síndrome do pânico, das síndromes funcionais, dentre outras. Diz-se que são novas formas porque são diferentes da histeria e da neurastenia do final do século XIX, assim como da psiconeurose histérica e obsessiva, tal como o definia a psicanálise freudiana do início do século XX.

É notável que nas formas atuais de sofrimento psíquico e físico o corpo se apresente de forma flagrante, pela presença significativa de sintomas somáticos. Mas não se pode dizer que o corpo já não estivesse presente nas antigas patologias. A histeria, por exemplo, era caracterizada por contraturas, paralisias, parestesias, sintomas sensoriais. A neurastenia, por sua vez, tinha como sintoma central a fadiga e disfunções gástricas e geniturinárias. Falamos em novas formas de sofrimento físico e mental, mas não é de hoje que o corpo sofre, nas diferentes modalidades de patologias já conhecidas pela história médica.

No entanto, o corpo que sofre no fim do século XIX não o faz dos mesmos modos que no século XXI — algumas variáveis em jogo mudaram. As formações do fim do século XIX já não estão mais inteiramente de pé. A família burguesa entrou em declínio e hoje presenciamos a formação de famílias híbridas e temporárias. As novas formulações do neoliberalismo trazem consigo igualmente novas prerrogativas: o declínio da intervenção do Estado de bem-estar social, cujas transformações implicaram a mercantilização dos serviços de saúde, segurança social e educação e a introdução de formas de gerenciamento inspiradas no setor privado. Nesse contexto, desenvolve-se, em lugar da sustentação do Estado aos cidadãos, uma ênfase nas responsabilidades individuais, das famílias e das comunidades por seu próprio bem-estar (Rose, 1996).

Do Estado de bem-estar social há um deslocamento para o indivíduo como gestor de si mesmo, vivendo de acordo com uma cultura da performance e um ideal de autonomia que se traduz no cotidiano — a vida deve ser um empreendimento e dele ninguém deve sair fracassado, mas sim com sucesso e feliz. Devemos tomar conta da nossa saúde, investir na educação continuada, exercer nossa iniciativa e nossa capacidade de decisão. Temos muito mais oportunidades e caminhos abertos e nos cabe decidir quais deles trilhar.

Dentro desse contexto, Ehrenberg (1998) observa que a exigência de eficácia irrestrita dos indivíduos acaba restringindo sua eficiência, em vez de aumentá-la. Não é sem motivo que a depressão é um quadro comum a diversas patologias contemporâneas. Numa sociedade hiperflexível, em que tudo é temporário e sem garantia, há uma ênfase na necessidade de adaptação às nuances do mercado e na incitação à escolha. A depressão e seus sintomas implicam o avesso de tudo que nos é demandado na contemporaneidade: lentidão psicomotora, corpo doloroso, inibição, tristeza, fadiga, declínio da ação ou impulsividade. É o "peso do possível". São tantas as possibilidades de escolha que a liberdade de ação se torna um ônus. É nesse cenário, em que cada um tem de ser soberano de si mesmo, que se desenvolvem novas formas de sofrimento experimentadas como insucesso, insuficiência ou incompetência pessoal.

Um ingrediente específico na sociedade ocidental contemporânea relaciona-se diretamente com essas novas formas de sofrimento, pois altera os modos como o corpo é experimentado e as concepções vigentes sobre o adoecimento. Esse ingrediente é o avanço sem precedentes das tecnologias médicas e seu impacto cultural, dos quais vimos tratando desde o início do livro.

Dentre as várias consequências dos recentes avanços nas ciências da vida — na genética humana, na biologia molecular, na medicina genética e na biotecnologia —, pode-se destacar uma mutação na pessoidade, isto é, na concepção que partilhamos sobre o que é próprio ao indivíduo. Não se trata de uma mera modificação das ideias leigas, profissionais e científicas sobre a identidade e a subjetividade, mas de uma mudança nas pressuposições sobre os seres humanos inseridos em práticas sociais (Novas e Rose, 2000).

As novas tecnologias reprodutivas transformaram os laços sanguíneos e familiares que sustentam as práticas de formação da identidade. Desenvolvimentos na psicofarmacologia transformaram os modos pelos quais os indivíduos são compreendidos — as características individuais, como personalidade e humor, são diretamente manejadas por medicamentos. Novas visões sobre a identidade humana estão sendo produzidas pela utilização crescente de técnicas de imagens cerebrais que localizam a personalidade, os afetos, a cognição em regiões particulares do cérebro.

Em suma, passamos a utilizar termos biológicos que antes eram propriedade dos especialistas; adquirimos uma postura de autovigilância em relação a práticas de manutenção da saúde; as tecnologias de imageamento do interior do corpo tornaram-se decisivas para os procedimentos de diagnóstico, diminuindo o valor do relato subjetivo; as tecnologias de suplência anatomofisiológica (fármacos, próteses e outros) são desenvolvidas e popularizadas, revelando potencialidades nos nossos corpos que ainda não conhecíamos.

Todo esse panorama de alcance da ciência médica acentuou a esperança para curas e tratamentos de certas doenças, bem como promoveu a possibilidade de aprimorar a saúde. A prova disso é o fato de que a expectativa de vida aumentou mesmo nos países em desenvolvimento — estamos mais hábeis em prevenir as doenças e nelas intervir. Esses avanços disseminaram a expectativa de que todas as condições patológicas, em tese, podem ser explicadas por fatores biológicos.

Se, por um lado, o alto grau de desenvolvimento das tecnologias médicas nos oferece possibilidades sem precedentes no que se refere à prevenção e à intervenção sobre muitas doenças, por outro, nos coloca novas questões. Estamos excessivamente crentes em um objetivismo triunfalista, segundo o qual as máquinas irão nos responder sobre o fundamento das doenças, dos gostos, dos comportamentos. Estamos aderindo a uma concepção de adoecimento como um mero achado fisiológico do corpo, segundo a qual os vírus, os genes e o cérebro parecem poder responder a tudo sobre o humano. No limite, o acesso fantástico às modulações do corpo que estamos alcançando nos faz aceitar com mais passividade certas premissas que reduzem as doenças a achados físicos, deixando-se de lado o fato de que um agente etiológico está em uma pessoa, em um contexto sócio-histórico, material, social.

Um exemplo é ilustrativo: em 2005, o Prêmio Nobel de Medicina foi destinado à dupla de médicos australianos Barry J. Marshall e J. Robin, laureados pela constatação, realizada há cerca de vinte anos, do papel da bactéria *Helicobacter pylori* na gastrite e nas úlceras pépticas. Antes deles, diziam as reportagens de divulgação científica, a gastrite era considerada uma doença ligada ao estresse, aos hábitos alimentares e ao modo de vida, não sendo conhecida sua real causa (Yano, 2005).

As notícias de divulgação do prêmio retratam a descoberta dos médicos como algo que permitiu superar o que se poderia chamar de período obscurantista da etiologia da gastrite, em que se acreditava que fosse causada por fatores ligados à qualidade de vida. Curiosamente, não se ressaltava que a causa da gastrite não se esgota na presença da *H. pylori*. Muitas pessoas podem ter a bactéria sem desenvolver a doença, enquanto outras desenvolvem a doença na ausência da colonização bacteriana. Reduzir suas origens apenas à presença da bactéria é compreender a patologia como uma doença do trato gastrointestinal, e não de uma pessoa dentro de uma sociedade, em um momento específico da vida, com fatores múltiplos de influência, inclusive as bactérias.

O afã em torno da descoberta da "verdadeira etiologia" de uma doença de difícil decifração exemplifica muitas das aspirações flagradas hoje em dia no ambiente da saúde, em que se buscam explicações exclusivamente reduzidas ao somático. Nesses casos, a causa mais convincente é a ação das bactérias, dos vírus, dos neuro-hormônios, entendidos como agentes exclusivos de doenças muitas vezes complexas, sobre as quais um olhar menos reduzido aos aspectos somáticos poderia encontrar outros ingredientes em sua composição.

A gastrite é apenas um exemplo de um território muito mais extenso e complexo de doenças e sintomas enigmáticos, porque não estão adaptados à lógica simplista e direta entre uma lesão e um sintoma. Pela falta de correlação entre alteração anatomofisiológica e sintomatologia, eles colocam em xeque a eficácia aparentemente insuperável dos aparatos técnicos de que dispomos para diagnóstico.

Ora, definir as fronteiras entre somático e psíquico em um sintoma muitas vezes não é uma tarefa simples. Analisemos, por exemplo, a fadiga. Costuma-se chamar de fadiga a todas as mudanças temporárias de um organismo que ocorrem como resultado direto de sua exaustão por esforço ou por repetição. Esse estado tende a inibir a atividade do organismo ou a interferir na eficácia de suas performances. Então, considera-se que ela se refira a uma redução na eficiência e na capacidade para a manutenção da performance em atividades.

Mas essa é a definição objetiva do sintoma. Se observamos como ele se manifesta na vida de cada um, perceberemos o quanto essa descrição é insuficiente, sendo necessário acrescentar outros ingredientes. A habilidade de exercer e manter a força muscular pode ser medida com métodos objetivos, por meio de instrumentos e testes. No entanto, na experiência vivida, a fadiga apresenta muito mais nuances e sutilezas do que as distinções antes mencionadas. Podemos permanecer muito mais dispostos, eficazes e resistentes se estamos diante de uma tarefa que nos desperta interesse. Um corredor de longa distância ainda apresenta prontidão e persistência diante dos sinais de fadiga corporal que o consomem, movido pelo júbilo de chegar ao fim da maratona. Em alguns casos, como o da mania, a sensação de fadiga pode não ser experimentada, mesmo quando se esperaria que acontecesse. Em contrapartida, um paciente depressivo pode se sentir incapaz de se engajar em certas atividades, em razão de uma sensação extenuante, mesmo sem um motivo objetivo para isso. É ainda mais curioso notar que a fadiga muscular e a mental podem resultar em um temporário aumento da atividade, e não em sua diminuição. Todas essas condições nos permitem perceber que a relação entre os aspectos objetivos e subjetivos da fadiga não tem limites bem definidos.

A prática médica está envolta na necessidade de conciliar a queixa subjetiva do paciente com os achados objetivos. Quando um se encaixa no outro, tem-se uma doença ideal. No entanto, quando os achados objetivos estão ausentes e as queixas estão presentes, há uma disparidade entre os dois polos e é, sobretudo, nesses casos que se enquadram as chamadas doenças sem explicação médica.

Complexificando ainda mais o quadro acima mencionado, em nossa contemporaneidade estamos cada vez mais crentes no olho infalível das máquinas. Uma das consequências disso é que se as máquinas não veem alterações, nada parece estar acontecendo na saúde do paciente. O curioso é que o corpo e sua visceralidade, muito embora tenham sido objeto incessante das investidas da ciência médica nos últimos séculos, continuam misteriosos e, em certo sentido, insondáveis. É isso que certas formas novas de sofrimento físico e mental nos demonstram.

Há um grupo particular de patologias contemporâneas que indica o quanto o acesso assombroso à objetividade das doenças não tem sido suficiente para abordar certos tipos de doença. É o caso das chamadas síndromes funcionais. Esse grupo de patologias resiste ao escrutínio das tecnologias médicas, sejam as de visualização, sejam as de mensuração fisiológica e química. Classicamente conhecidas ao longo do século XX como psicossomáticas, as patologias cujos sintomas existem sem etiologias orgânicas são um campo problemático para a medicina atual. A despeito dos desenvolvimentos técnicos no campo da avaliação e do exame médico, esse espectro das doenças ainda intriga os clínicos mais atentos, forçando-os a pensar na insuficiência do aparato de alta tecnologia para a eficácia da relação terapêutica.

O âmbito englobado pela noção de "psicossomático" é nebuloso, já que o próprio vocábulo enfatiza o dualismo mente/corpo do qual o campo da medicina psicossomática quis se livrar ou, ao menos, criticar. Para adicionar outro ingrediente ao debate em torno do termo, se partirmos do ponto de vista de que o adoecimento é um processo global, toda doença seria psicossomática, pois acometeria o organismo integralmente. Nesse sentido, não seria coerente adotá-lo somente nos casos em que o fator psicológico estivesse evidente como agente etiológico.

Um exemplo de classificação progressiva das manifestações psicossomáticas — ou seja, baseada na ideia de que toda manifestação corporal, saudável ou não, pode ser considerada psicossomática — é oferecido por Ey, Bernard e Brisset (1985). Os autores chamam de psicossomática a qualquer manifestação do corpo, ressaltando uma diferença de nível entre elas, conforme impliquem uma maior ou menor preservação das funções e da estrutura do organismo.

Seriam três os níveis dessas manifestações. O primeiro deles corresponderia ao registro da reação emocional banal ou dos sintomas elementares e apareceria quando o indivíduo vivenciasse uma determinada situação na unidade de seu organismo. Envolveria sintomas transitórios como espasmos, vertigens, enrubescimento, taquicardia, náuseas, vômitos, constipação, flutuações da glicemia. O segundo nível seria o dos sintomas ou síndromes funcionais, em que o médico encontra na unidade patológica a coordenação de uma expressão fisiológica e de uma expressão psicológica, muito embora não haja lesão presente, como nos casos dos distúrbios vagossimpáticos, das outrora célebres "distonias vegetativas", diarreias, constipações, hipertensão arterial crônica.

Já no terceiro nível — polo de maior atração para os estudiosos do campo — a doença se organizaria como uma resposta particular prevalente às condições de vida de um indivíduo, chegando às lesões por excesso ou por falta de certas respostas fisiológicas, como, por exemplo, a retocolite hemorrágica, as úlceras gastroduodenais, a asma, a psoríase, a alopecia areata. Em alguns casos, um mesmo sintoma pode pertencer ao nível mais elementar de manifestações ou ao segundo. Em outros casos, certos quadros podem se estabelecer no limite entre o segundo e o terceiro nível de acometimento psicossomático. Essas manifestações, desde as mais banais até o caso de uma doença limitante, são compreendidas, portanto, a partir de uma diferença de grau, e não de natureza.

Por envolver a manifestação corporal evidente, os sintomas psicossomáticos construíram um território nebuloso de aproximação da noção de conversão histérica, que consiste na transposição de um conflito psíquico para o campo dos sintomas somáticos motores ou sensitivos. Um órgão ou parte do corpo seria o veículo de expressão de um conteúdo inconsciente — sendo esse fenômeno um dos principais sintomas do quadro da histeria. Primeiramente, é preciso notar que a tal noção foi mais bem expressa pelos estudos de Charcot no fim do século XIX, ao passo que a manifestação psicossomática é um conceito do século XX, que podemos associar sobretudo à obra de Franz Alexander.

A despeito do tipo de sintoma apresentado, pode-se dizer que a conversão pressupõe que um órgão ou a parte do corpo onde se manifesta o sintoma tenha alguma relação inconsciente com uma experiência traumática que lhe deu origem. Como exemplo desse processo, cabe lembrar uma das pacientes de Charcot (2003a), acometida de uma paralisia na mão, com perda completa da sensibilidade e do movimento, ocorrida depois de ela ter dado um tapa em seu filho. O que se observa, portanto, é que há alguma ligação de sentido entre a região do corpo afetada pelo sintoma e o conflito que lhe deu origem — ainda que essa ligação nem sempre seja tão óbvia quanto nesse exemplo. Esse é, precisamente, um dos pontos de diferença entre a noção de sintoma psicossomático e a de conversão.

Segundo a distinção de Alexander (1997), não se deveria buscar sentido nos transtornos psicossomáticos, já que haveria, ao contrário, uma carência de simbolização e fantasia nesses pacientes somatizadores. Por isso, não haveria uma relação de sentido a ser desvendada no órgão ou sistema acometido. Outro ponto de diferença é o fato de que nas conversões estão envolvidos músculos estriados e percepções sensoriais. As manifestações psicossomáticas envolveriam, ao contrário, a musculatura lisa. Supõe-se com isso que a musculatura involuntária e todo o campo da visceralidade não estejam envolvidos em processos simbólicos. Por isso, as manifestações psicossomáticas relacionar-se-iam a padrões vegetativos de resposta dos órgãos.

História dos diagnósticos dos sintomas e das síndromes sem lesão

É interessante reconstituir o caminho trilhado na medicina para abordar esses sintomas sem explicações anatomofisiológicas. Se o fizermos, concluiremos que esse não é um campo de atenção menor. Refazer a história desses transtornos é um modo de se referir às condições sintomáticas *sine materia* e sua abordagem pelas teorias médicas.

A principal mudança nesse modo de abordagem é que, lentamente, a medicina passou a cogitar a possibilidade de que elementos não exclusivamente biológicos atuem como fatores de propensão, disparadores ou de manutenção dos sintomas orgânicos. A emergência da psicanálise e, posteriormente, da medicina psicossomática sustenta essa mudança no início do século XX.

O historiador da medicina Edward Shorter (1992), no livro *Da paralisia à fadiga: história das doenças psicossomáticas na era moderna* (*From Paralysis to Fatigue: a History of Psychosomatic Illness in the Modern Era*), aborda ideias que nos podem ser úteis. Para o autor, os sintomas sem causa orgânica mudam de acordo com os sentidos culturais e com as tendências médicas em um dado momento histórico. Ou seja, os pacientes produzirão sintomas adaptados aos quadros nosológicos vigentes na cultura, bem como os médicos tenderão a encaixar os sintomas relatados por seus pacientes nas entidades clínicas disponíveis.

Em 1800, por exemplo, falava-se em irritação espinhal no caso de sintomas como cegueira temporária e paralisia. Já em 1900, a medicina mudou seu foco da espinha para o cérebro, o que levaria esses mesmos sintomas a serem lidos clinicamente sob um novo olhar, centrado em supostas lesões no sistema nervoso central. Assim, padrões e formas de apresentação das doenças formariam um suprimento culturalmente disponível de sintomas, construído com base nas ideias científicas sobre o corpo, nas explicações culturalmente válidas para certas doenças e na memória coletiva sobre como se comportar quando doente.

Isso significa que o modelo médico de compreensão dos sintomas sem causa orgânica e a consequente atitude do médico para com os pacientes são determinantes nos sintomas e quadros privilegiados em um dado momento, já que nenhum paciente aceita que suas queixas pareçam imaginárias, tendendo a produzir sintomas legitimados em sua época e cultura. Atitudes culturalmente definidas em relação ao corpo modelam boa parte da atenção do indivíduo para suas sensações físicas, bem como a interpretação e a resposta que apresenta às próprias manifestações corporais. Em outras palavras, tendemos a interpretar os sinais às vezes disparatados que o corpo nos envia como evidência de certas doenças, e não de outras, sendo os sintomas preferenciais aqueles que se enquadram no panorama legitimado pela ciência médica.

Ora, a força de certos padrões culturais na expressão corporal e os modos como a cultura contribui para a interpretação da experiência da doença foram bem explicitados por Kleinman (1986), que enfatiza o quanto a biologia é uma fonte de variação humana, mais do que de universalidade. É o que leva o autor a também contrariar a tese de que as constantes fisiológicas são um dado que atravessa as culturas e os diferentes períodos históricos. Um exemplo disso é a persistência da produção da enzima lactase em adultos. Sabemos que nos humanos saídos da infância a lactase, enzima que digere a lactose, deixa de ser produzida diante da interrupção da amamentação. Mas em certas populações com alto consumo de leite na dieta adulta, a lactase continua sendo produzida, contrariando uma regra comum da biologia dos mamíferos (Kirmayer, 2007). Outro exemplo notável é o dos iogues, que, por meios de exercícios de respiração, meditação e práticas corporais, passam a exercer um grau considerável de controle sobre a musculatura lisa, o que para um indivíduo situado fora desse estilo de vida seria uma tarefa difícil de ser realizada. Os efeitos da dieta e do estilo de vida na remodelagem da biologia humana nos levam a perceber como são complexas as relações entre o par natureza e cultura (Canguillem, 1995).

Houve nos séculos XIX e XX diferentes modelos de compreensão das doenças sem lesão que desembocaram no modo como são abordadas hoje. Conhecer esses paradigmas é uma forma de orientação na análise de quais pressuposições médicas, ideias sobre saúde e adoecimento vigoravam em cada um dos momentos históricos abordados.

De 1820 a 1870, por exemplo, descobertas como a inervação simpática do trato gastrointestinal, as raízes motoras e sensitivas da medula e a excitabilidade de certos tecidos orgânicos levaram ao desenvolvimento da teoria da irritação espinhal (*spinal irritation*). Os experimentos de Albrecht von Haller, no fim do século XVII, com fibras musculares, ofereceram bases empíricas para a doutrina da "irritabilidade", pois ele observou que tais fibras logo encurtavam quando estimuladas diretamente, mostrando-se irritáveis. O diagnóstico de irritação espinhal, em 1820, pressupunha que os sintomas sem achados físicos fossem causados por uma doença na medula que, embora não se pudesse ver, era real. Os principais tratamentos utilizados para o restabelecimento eram catarses, laxantes e sangrias.

A partir dessa doutrina, foi rápida a evolução para a crença de que todo órgão do corpo tinha influência, por reflexo, em outros órgãos. As descobertas em torno do arco reflexo foram a fonte da teoria reflexa como modelo de compreensão das doenças sem lesão. O arco reflexo é uma reação corporal automática, que se segue à estimulação externa. A partir de 1870, essa teoria ganha força na explicação dos sintomas ditos psicossomáticos.

Um nome que se destaca nessa época é Marshall Hall. Ele batizou o arco reflexo como parte autônoma do sistema nervoso espinhal no corpo em relação ao cérebro (embora influenciado por ele) e definiu-o como capaz de controlar as atividades dos órgãos do corpo. Entre 1850 e 1900, a teoria do arco reflexo tornou-se dominante no cenário dos modelos médicos para as doenças nervosas. Ela pressupunha que todo órgão poderia refletir sua influência sobre outros.

No campo das doenças *sine materia*, esse conceito desembocou na ideia de que as conexões nervosas, por meio das vias medulares, regulavam os órgãos do corpo, incluindo o cérebro, de forma quase independente da vontade do indivíduo. Pelo arco reflexo, um sinal sensório automaticamente dava origem a uma resposta motora sem intervenção da vontade. Se um órgão podia exercer sua influência a distância, então as doenças sentidas em determinado local deveriam ter o órgão gerador tratado.

No caso das mulheres, o útero era preferencialmente esse órgão, já que estava supostamente ligado ao cérebro e às suas disfunções. Atribuir as paralisias da histeria a uma consequência automática do arco reflexo conferia provas da existência da doença, tanto para o paciente quanto para o médico. Tal paradigma oferecia, portanto, uma explicação coerente para tais sintomas, porque se adaptava às ideias médicas vigentes naquele momento. Os tratamentos envolviam banhos para a redução da excitabilidade do sistema nervoso, cirurgias de remoção e cauterizações.

É importante notar que cada um desses modelos de leitura das doenças está baseado nas inovações e ideias emergentes em um dado período. A doutrina da irritação se refere às pesquisas com as fibras musculares; já a doutrina reflexa corresponde aos estudos do arco reflexo. Do mesmo modo, o modelo do sistema nervoso central, abordado a seguir, será baseado nos estudos sobre o sistema nervoso e, em especial, sobre o cérebro.

A partir da segunda metade do século XIX até o início do século XX, de 1870 a 1920, praticamente ao mesmo tempo que a teoria reflexa se desenrolava, emerge o modelo do sistema nervoso central, trazendo à luz teorias que enfatizavam doenças orgânicas do tecido cerebral como explicação para os sintomas nervosos. Os principais sintomas desse período foram manifestações motoras, convulsões histéricas, fadiga e, principalmente, o quadro então emergente da neurastenia, ligado supostamente à fraqueza dos nervos e à exaustão cerebral. Se os pacientes se tornavam histéricos, a explicação preferencial não era mais a irritação do útero, mas a constituição de seus centros nervosos. Invisíveis ao microscópio, as afecções do tecido cerebral eram, no entanto, aceitas como reais.

A proposição de que a doença mental não é nada além do sintoma de uma doença do cérebro encontrou seu maior expoente em Wilhelm Griesinger (1865), na obra *Tratado das patologias mentais* (*Traité des maladies mentales*). Nela, o autor afirmava que os fatos fisiológicos e patológicos demonstravam que o órgão a ser responsabilizado pelas doenças mentais era o cérebro, o que o levou a sustentar que para toda doença mental existiria uma afecção cerebral.

Na figura de Charcot (1888) encontramos um ponto de virada no modo de abordagem das doenças sem achados físicos. O autor analisa casos de paralisia histérica e por meio deles detecta diferenças entre as lesões corticais e as lesões da histeria. As primeiras possuem focos limitados e se distribuem ao acaso sobre as regiões motoras e sensitivas do córtex, sendo distintas e distantes umas das outras. As lesões dinâmicas da histeria, além de difusas, afetariam sistematicamente as regiões motoras e sensitivas, fisiologicamente implicadas na execução do movimento de uma dada articulação.

Já no período de 1920 a 1970 emerge o modelo psicogenético, segundo o qual na base das doenças estaria a intencionalidade psíquica. Uma ideia que ocasionasse angústia, um conflito experimentado em alguma ocasião da vida ou uma circunstância traumática seriam potenciais causadores de doenças. Começa-se a admitir que um agente psíquico, não restrito à biologia corporal, pode produzir doenças físicas e psicológicas. O território de construção dessas ideias é o campo da psicanálise, cujo surgimento ocorre dentro do ramo da neurologia, a qual, naquele momento, se ocupava, mais do que qualquer outra especialidade médica, dos problemas ditos nervosos.

Os sintomas se deslocam então para as manifestações sensórias e os tratamentos passam a contar, dentre outros aspectos, com longas conversas dos médicos com seus pacientes — o que se conhece como cura pela palavra. Um intenso desenvolvimento desse paradigma ocorreu na Europa por meio dos trabalhos de Freud. É nesse momento que surgem novos diagnósticos, sustentados inicialmente por Freud, baseados na ideia de psiconeurose. A prática médica começava a incorporar — não sem controvérsias — os novos *insights* psicológicos em seus modos de abordagem.

É importante ressaltar que, até mesmo pela extrema proximidade cronológica, tais paradigmas não foram mutuamente excludentes e, por isso, suas práticas conviviam nas atitudes médicas e nas expressões culturais, o que justifica o fato de que, na primeira metade do século XIX, as teorias centradas no sistema nervoso central conviviam diretamente com a teoria do arco reflexo na explicação das doenças.

A existência dessas primeiras categorias ao longo do século XIX contribuiu diretamente para a construção de conceitos como o de doença psicossomática. Mas o termo psicossomático era raramente empregado antes de 1930. Isso indica o quanto a abordagem psicossomática é uma construção recente, que se desenvolveu de forma mais direta a partir dessa data, embora o termo já tivesse sido cunhado em 1818, pelo psiquiatra Johann Christian Heinroth, em sua obra *Transtornos da alma* (*Störungen des Seelenlebens*).

É com os trabalhos de Franz Alexander, médico e psicanalista, a partir de 1930, que o campo ganha fôlego. Como afirma G. Pollock, no prefácio à edição de 1989 da obra de Alexander *A medicina psicossomática*, uma de suas principais áreas de pesquisa foi a dos inter-relacionamentos mente-corpo-cérebro. O livro é uma tentativa de descrever os conceitos básicos em que se fundamenta a abordagem psicossomática, com o intuito de apresentar o conhecimento acerca da influência dos fatores psicológicos sobre as funções do corpo e seus distúrbios.

Um dos postulados que atravessam a obra é o de que os processos psicológicos não diferem de outros que ocorrem no organismo, pois também são fisiológicos. Os primeiros seriam diferentes das expressões corporais, porque poderiam ser percebidos subjetivamente e comunicados verbalmente. Alexander (1989) afirma ser o processo corporal direta ou indiretamente influenciado por estímulos psicológicos, já que o organismo, como um todo, constituiria uma unidade. Desse modo, a abordagem psicossomática poderia ser aplicada a todo e qualquer fenômeno que ocorre no organismo vivo. Assim, o alvo do interesse médico deveria tornar-se "o paciente como um ser humano com preocupações, temores, esperanças e desesperos, como um todo indivisível, e não apenas como um portador de órgãos doentes", como afirma Alexander (1989, p. 19).

A herança do dualismo cartesiano mente-corpo, encontrada, sobretudo, a partir dos escritos médicos do século XVIII, deixou um problema importante a ser discutido na história da medicina. A questão era de como estados de pensamento, independentemente de se relacionados à alma ou ao cérebro, afetavam órgãos do corpo dos quais a vida dependia diretamente. Esse problema pressupunha o dualismo funcional, ou seja, a distinção entre funções de pensamento e funções da vida, que teve papel significativo no pensamento médico do século XVIII, oferecendo o contexto conceitual para as premissas da ciência médica ocidental desde então.

Mas essa questão não resolvida deixou aberta a possibilidade de influência da "alma" sobre as funções vitais do corpo, sendo de grande importância nas proposições iniciais da abordagem psicossomática. Esta última configurou uma alternativa para a metáfora do corpo-máquina, dominante na biomedicina, na qual o paciente é submetido a reparos e oferece seu corpo para exame e tratamento. Na visão psicossomática da cura, corpo e mente devem ser levados em consideração na compreensão da doença.

Há dois conceitos cuja confluência funda os pressupostos da psicossomática nos idos da década de 1930, quais sejam a psicogênese e o holismo. O conceito de psicogênese, aplicado ao campo em questão, significa, *grosso modo*, a pressuposição de que fatores psicológicos podem causar doenças no corpo. Tal noção ganhou nova tonalidade com a emergência da psicanálise, sob as indicações iniciais de Freud a respeito dos processos conversivos e, posteriormente, a partir das especulações de alguns de seus seguidores e companheiros, como G. Groddeck, F. Deutch, F. Alexander, S. Ferenczi.

Já o conceito de holismo, por sua vez, refere-se, nesse caso, à ideia de que mente e corpo constituem um todo indivisível e que o estudo e o tratamento das doenças devem levar em conta esse todo, e não somente suas partes isoladas. Essas noções foram adotadas contra o reducionismo biomédico, dando início a um estudo sistemático da interação entre fatores psicológicos e biológicos na saúde e na doença. Esses dois conceitos são diretamente colocados em xeque pela voga fisicalista de explicações baseadas no cérebro que emergiram na atualidade (Lipowsky, 1986a).

A abordagem psicossomática se refere a um campo de estudos abrangente, que envolve as relações entre fatores psicossociais específicos e funções fisiológicas normais e anormais; o estudo das interações entre fatores psicossociais e biológicos na etiologia e no curso dos sintomas; a propagação de uma abordagem holística no cuidado com o paciente; a aplicação de métodos terapêuticos na prevenção, no tratamento e na reabilitação das doenças físicas. Esse campo divide-se em orientações diversas, de influência psicanalítica, psicofisiológica, psicoendocrinológica (Lipowsky, 1986a, 1986b).

Assim, nem toda pesquisa sobre o campo psicossomático provém da teoria psicanalítica. O método pavloviano contribuiu por meio das experiências com a neurose experimental — condição produzida em cães, dos quais se requisitava alto nível de habilidade de discriminação de estímulos e de manejo de respostas mutuamente incompatíveis. Os animais demonstravam uma amplificação das manifestações fisiológicas e uma desregulação das funções vitais. Observou-se, com isso, que o quadro descrito nos cães equivalia a segmentos de doenças psicossomáticas. As pesquisas de Pavlov abriram caminho para uma série de outros estudos nos animais com sintomas obtidos experimentalmente (Ey, Bernard e Brisset, 1985).

Os trabalhos clássicos de Walter Cannon (1915; 1939) são também um marco importante nesse campo, porque possibilitaram a pesquisa das interações entre estados mentais e processos fisiológicos. Cannon tornou célebre o termo homeostase, postulando uma tendência ao estado de constância na estrutura e nas funções do corpo. Os estudos de Selye (1956), por sua vez, construíram o conceito de estresse — estado ou conjunto de modificações sofridas pelo corpo para lidar com a Síndrome de Adaptação Geral (SAG) sob o efeito de agentes estressores. Essa síndrome seria marcada por três fases: o alarme, a resistência e a exaustão. Os estudos de Selye foram relevantes para a investigação da atuação do eixo hipotálamo-hipófise-suprarrenal como principal mecanismo de regulação neuro-humoral. Desde os trabalhos cruciais de Cannon e Selye, passamos a conhecer o papel do sistema adrenérgico na mediação dos estados de estresse, medo e raiva (Mello Filho, 2002).

Dentre as correntes de orientação biológica, destacam-se a psicofisiologia, a psicoendocrinologia, a psiconeurofisiologia e a psicoimunologia, que pesquisam os processos de mediação psicossomática, ou seja, os mecanismos de transformação de um estado psicológico em um estado fisiológico (Lipowsky, 1986b). A questão inquietante para tais teorias, principalmente as que estão amparadas em pesquisas fisiológicas, é a da mediação, ou seja, a necessidade de saber quais mecanismos supostamente explicariam a passagem entre psiquismo e corpo. Nessas teorias, a mediação psicossomática é estudada por meio do esclarecimento dos mecanismos e das vias de interação psicofísica.

O interesse despertado pelos achados das neurociências e das pesquisas relacionadas ao cérebro demonstra a esperança depositada na biologia molecular, tanto quanto nas pesquisas genéticas e bioquímicas. À luz da recente voga das neurociências, parece tentador encontrar respostas para o enigma da mediação psicossomática a partir dos correlatos neurais dos sintomas sem explicação médica: um padrão de alteração cerebral desregulado, um déficit neuroquímico, uma alteração imunológica.

Contudo, ainda que os achados pareçam convincentes e elucidativos, carecem de uma compreensão mais ampla dos processos de adoecimento, pois, conforme afirma Volich (2000, p. 106), "[a] constatação de relações estatisticamente significativas entre perturbações emocionais e alterações imunológicas não permite por si compreender a natureza e a especificidade do choque emocional na produção de tais alterações ou, ainda, o papel das predisposições individuais". Isto é, o conhecimento da ação de particularidades fisiológicas do corpo não nos permite projetar esse conhecimento no nível molecular sobre a compreensão do indivíduo como um todo. Apesar da importância das descobertas das vias de transmissão e dos agentes que participam das mediações neuroendócrino-imunológicas, resta compreender a complexa rede de sentido que determina na experiência do indivíduo as nuances sofridas por seu sistema psicossomático.

Como se observa, o campo da abordagem psicossomática é dividido entre diferentes métodos de pesquisa e arcabouços teóricos. Apesar das diferenças entre as teorias, em tese subjaz a elas a compreensão multideterminada do adoecimento. É esse modo de olhar abrangente sobre a doença que definiria o que Ey, Bernard e Brisset (1985) denominam de atitude psicossomática, cujo alcance não se restringiria a uma especialidade médica, mas perpassaria diversas áreas envolvidas com o processo de saúde e adoecimento. Resta-nos agora compreender a atualidade dessa problemática na medicina científica.

Evolução dos diagnósticos para as doenças *sine materia*

A evolução dos diagnósticos ditos "psicossomáticos" no *Manual diagnóstico e estatístico de transtornos mentais* (*Diagnostic and Statistical Manual of Mental Disorders* – DSM) esclarece algumas das nuances do termo. Em sua primeira edição, de 1952, desenvolvida no período posterior à Segunda Guerra Mundial, observa-se a emergência de transtornos não psicóticos em resposta ao serviço militar e ao combate.

As condições apresentadas eram entendidas como reações às experiências de vida e o tratamento indicado era, sobretudo, psicoterápico. As doenças mentais como um todo eram compreendidas como reações, que poderiam ocorrer com ou sem causas físicas definidas ou estruturais no cérebro — o que era bastante coerente com o clima psicodinâmico da época. O diagnóstico "transtornos psicofisiológicos autonômicos e viscerais" deveria ser usado de preferência nos transtornos psicossomáticos, já que se refere a um ponto de vista na medicina, e não a uma condição específica (Oken, 2007).

Os sintomas eram considerados como relativos a um estado crônico exagerado da expressão fisiológica da emoção, com sua parcela subjetiva sendo reprimida. Esses estados viscerais contínuos poderiam, eventualmente, levar a mudanças estruturais. Os diversos transtornos fisiológicos foram subcategorizados em reações dos vários sistemas: musculoesquelético, cardiovascular, gastrointestinal, dentre outros. Essa concepção demonstra a forte influência psicodinâmica e psicanalítica. É interessante notar a presença de Franz Alexander, grande nome do desenvolvimento da psicossomática psicanalítica, como membro da comissão do DSM-I.

Já no DSM-II, publicado em 1968, essas condições foram denominadas distúrbios psicofisiológicos. O termo "reação" foi substituído por neuroses, psicoses e transtornos. As condições psicossomáticas tornaram-se "transtornos psicofisiológicos", com os termos autonômico e visceral sendo retirados de uso. Contudo, o peso da pesquisa científica controlada nos departamentos universitários e o descrédito em torno das ideias psicodinâmicas começaram a crescer entre a primeira e a segunda edição desse manual. A psicodinâmica não tinha sido inteiramente suplantada, mas tinha perdido sua proeminência, diante da competição com as ciências cognitivas e comportamentais. A psiquiatria americana amparava-se cada vez mais em evidências científicas e os tratamentos passaram a se basear em pesquisas com métodos neurocientíficos.

Todo esse processo de ascensão da pesquisa neurocientífica foi incorporado nas alterações do DSM-III, publicado em 1980. Nele, adotou-se a categoria "fatores psicológicos que afetam as condições físicas" (FPACF), considerada mais vantajosa do que a anterior, "transtornos psicofisiológicos". Os transtornos podem ser assim classificados diante da presença de um ou mais fatores psicológicos ou comportamentais que afetam uma condição médica existente prolongando seu curso, trazendo risco adicional à saúde do indivíduo, precipitando ou exacerbando sintomas, provocando respostas fisiológicas relacionadas ao estresse.

Essa mudança nas denominações diz respeito a uma série de transformações mais abrangentes no DMS-III, referentes à denominação das condições patológicas como transtornos — o que se supunha oferecer uma maior neutralidade no que se refere à etiologia. Classificar as doenças como transtornos e suprimir vocábulos como neurose, psicogênese e psicose era uma opção para não admitir a etiologia na denominação das categorias, já que a escolha de psicose, por exemplo, pressupunha uma orientação psicogenética.

Tanto no DSM-IV e sua revisão quanto no CID-10 (1993) não está mais em uso o termo psicossomático. Tal categoria foi reavaliada no desenvolvimento do DSM-IV, publicado em 1994. Os "fatores psicológicos que afetam as condições médicas" tornaram-se "fatores psicológicos que afetam as condições físicas", transformando-se em uma rubrica dentro da categoria "Outras condições que podem ser foco de atenção".

As controvérsias conceituais em torno do termo levaram os estudiosos a buscar outras formulações a partir do fim do século XX, tais como a dos transtornos somatoformes, a de sintomas sem explicação médica e a de síndromes funcionais. Fato é que uma lacuna se impõe ao saber médico quando se trata do campo que envolve o conhecimento, a abordagem e a intervenção sobre os modos como o sofrimento mental é encarnado em manifestações corporais.

O que se denominava amplamente de psicossomático aparece sob diversas outras alcunhas nosográficas utilizadas no DSM-IV, principalmente na de transtornos somatoformes. A principal característica desses transtornos é a presença de sintomas físicos que sugerem uma condição médica geral, mas não são explicados efetivamente por nenhuma condição médica, nem por efeitos diretos de uma substância, nem por um transtorno mental.

A alcunha dos transtornos somatoformes tem lugar no DSM-III, no intuito de encontrar um vocábulo neutro e capaz de englobar diversas modalidades de apresentação de sofrimento somático que não se enquadravam na classificação de transtornos de ansiedade, de humor ou psicóticos. No entanto, essa entidade acabou reunindo uma diversidade significativamente heterogênea de transtornos, tais como a conversão, a hipocondria, o transtorno de somatização, o transtorno dismórfico, o transtorno de dor.

Se, por um lado, essa classificação foi útil para não negligenciar os pacientes cujos sintomas não eram explicáveis por uma condição médica geral, essa entidade falhou em seu intuito de auxiliar no entendimento, orientar pesquisas e oferecer uma base útil para o tratamento desses pacientes. É nesse contexto que têm sido pensadas reformulações na categoria dos transtornos somatoformes para a quinta edição do DSM, cujos objetivos contemplem mudanças em problemas hoje decorrentes do uso da categoria, tais como a não aceitação dessa classificação por parte dos pacientes que associam a categoria de transtorno somatoforme à ideia de que sua doença é mental, e não biológica, e, por isso, ilegítima. Além disso, outro problema inerente à categoria é não formar um todo coerente entre seus subtipos (Mayou *et al.*, 2005).

A ascensão das síndromes funcionais

Sintomas somáticos sem explicação médica clara têm sido reconhecidos na comunidade médica, sendo muitas vezes reunidos no agrupamento das síndromes somáticas funcionais — denominação cujo berço é, sobretudo, a clínica geral. As síndromes funcionais se confundem com os transtornos somatoformes ou mesmo com os sintomas sem explicação médica, mas a preferência pela denominação de síndromes funcionais é uma opção corrente, pois a expressão não assume qualquer fator etiológico determinante.

Trata-se de uma classificação descritiva e menos relacionada à pressuposição de uma causa. Sendo "funcional", ela diz respeito, em tese, a uma disfunção do organismo ou a algum mecanismo fisiológico que não se está realizando de forma satisfatória. Há muito em comum entre as diversas síndromes no que se refere aos sintomas, aos dados epidemiológicos e à história do tratamento.

Dividir síndromes e doenças em medicamente explicáveis e não explicáveis é uma separação simplista, tendo em vista o rol de combinações e complexidades com que a medicina se depara na atualidade. Mas essa divisão tem servido para indicar que no caso das medicamente não explicáveis nenhum marcador orgânico específico foi encontrado. A ausência de uma patofisiologia determinada, combinada com a evidência de partilha de sintomas entre elas, tem levado os pesquisadores a apontar que essas síndromes podem ser manifestações de uma mesma doença.

O campo de pesquisa dedicado ao tema identificou nove síndromes principais, que são: 1) a síndrome da fadiga crônica; 2) a síndrome fibromiálgica; 3) a síndrome do cólon irritável; 4) a síndrome pré-menstrual; 5) a cistite intersticial; 6) a síndrome temporomandibular; 7) a síndrome da dor no coração; 8) a lesão por esforço repetitivo; e 9) a sensibilidade química múltipla. Em alguns casos, são acrescidas a essa lista condições como a enxaqueca sem fundo orgânico, o transtorno de atenção e hiperatividade e a bulimia. A lista não para de crescer. Em breve será possível que nela se incluam os eletrossensíveis — pessoas com hipersensibilidade a campos magnéticos em geral, que apresentam sintomas diversos, como taquicardias, dores de cabeça e problemas de pele (Manu, 1998).

No caso dessas síndromes, além de ter em comum o status de funcionais, apresentam uma série de sintomas sobrepostos, tais como fadiga, mialgias, perturbações gástricas, dificuldades de concentração, labilidade de humor, transtornos do sono e de ansiedade. A sobreposição de sintomas traz como consequência que o diagnóstico dependa da especialidade do médico que o paciente procura. Assim, um paciente que relata contrações anormais no intestino e desconforto abdominal pode receber o diagnóstico de síndrome do cólon irritável caso procure um gastroenterologista, muito embora possa apresentar sintomas como falta de concentração, fadiga, mialgia, dificuldades com o sono, que poderiam enquadrá-lo em outras síndromes, caso procurasse outra área de especialidade.

O termo síndrome funcional tem sido aplicado a diversas condições relacionadas entre si e caracterizadas mais por sintomas de sofrimento e incapacidade do que por anormalidades demonstráveis nos tecidos e na estrutura física. O clima ao redor delas inclui cobertura da mídia, desconfiança do meio médico, mobilização das partes interessadas, litígio entre advogados e planos de saúde. Os pacientes frequentemente constroem seus próprios diagnósticos a partir das informações culturalmente disponíveis e, principalmente, a partir dos veículos midiáticos. Essas síndromes apresentam altas taxas de comorbidade entre si e entre categorias psiquiátricas ligadas aos transtornos do espectro histérico, do humor e somatoformes (Manu, 1998; Barski e Borus, 1999).

Dado que muitos de seus sintomas se sobrepõem (ansiedade, irritabilidade, depressão, perda de interesse e dificuldade de concentração), muitas dúvidas ainda restam sobre o cenário amplo dessas condições: elas são uma variação de uma mesma condição psicopatológica ou não? Se sim, é a síndrome que causa o quadro psicopatológico ou ela é um efeito dele? A síndrome e a psicopatologia são, ambas, o efeito de um processo mórbido subjacente?

Algumas consequências da ausência de evidências

Ao longo deste livro nos ocupamos da presença e do impacto dos aparatos médicos na decifração das doenças e na produção de uma explicação considerada socialmente legítima nos diferentes momentos históricos. As doenças para as quais ainda não se pode alcançar um substrato físico explicativo são, sem dúvida, um campo que nos ajuda a questionar o privilégio das evidências técnicas no processo de diagnóstico e, ao mesmo tempo, a analisar o impacto sobre o paciente de que sua condição não corresponda aos padrões de doença considerada legítima.

Se o coração da experiência clínica está na tentativa de reconciliar as queixas subjetivas do paciente com os achados objetivos, o que acontece quando essa conciliação é dificultada ou mesmo impossível, a despeito daquilo que as tecnologias nos disponibilizam?

É notável o fato de que a experiência de adoecimento é considerada menos importante do que a objetividade dos critérios da medicina para a definição do diagnóstico. Nesse ínterim, o que se observa é o status marginal das doenças para as quais a investigação clínica não encontra achados. A atitude cética, tanto dos leigos quanto dos médicos, em relação a essas condições faz com que o ônus da responsabilidade pela doença recaia muito mais sobre o paciente.

Os sentidos oferecidos na cultura ocidental ao longo do século XX para doenças mentais e físicas sugerem que as primeiras são entendidas como imaginárias, irreais e como responsabilidade do sofredor. A desautorização da experiência da doença conduz ao sofrimento e ao estigma, já que a causa dos sintomas é hipoteticamente atribuída à depressão, ao estresse ou a alguma outra forma de transtorno psicológico. Ou mesmo ao fingimento, exagero ou à falta de autocontrole. Diagnósticos mentais ou psicossociais são aliados à vivência da estigmatização e da desconfiança por parte dos pares — parentes, médicos e cuidadores.

O que se deve destacar neste ponto são as implicações morais de um diagnóstico como o de síndromes funcionais, de doença psicossomática ou qualquer outro no qual não se encontre uma alteração anatômica ou fisiológica. No caso das doenças físicas, a medicina produz formas, por meios práticos e conceituais, para distanciar o corpo e a intencionalidade do indivíduo, eximindo-o da responsabilidade pela doença. No caso da doença psicológica ou das doenças sem substratos físicos, elas são associadas a uma fraqueza da vontade e da intenção, a um lapso de autocontrole racional, reconhecido como falha do indivíduo. Diagnósticos que envolvam a pressuposição da psicogênese ou aos quais falte uma etiologia orgânica levam consigo esse status estigmatizante.

Uma das formas de lidar com a ilegitimidade é combater explicações psicogênicas, buscando mecanismos somáticos que a justifiquem. Desse modo, afasta-se a presumida origem psicológica das queixas e a explicação orgânica dos sintomas é privilegiada. A adesão à busca científica de evidências é uma consequência lógica desse processo, já que os pacientes são colocados ora em posição de exagerados ora de fingidores. Em ambos os casos, a dúvida acerca de si mesmo e a ameaça do estigma, o segredo mantido a respeito de sua condição, o isolamento social que disso resulta, a paralisia psicológica advinda das ambiguidades da doença e a vergonha de não estar "realmente" doente contribuem para o sofrimento. Por conta disso, os pacientes se veem desafiados a redescrever sua doença, forjando meios para torná-la real. E torná-la real é afastar possíveis causas psicológicas e alcançar, na medida do possível, uma explicação orgânica — que é justamente do que carece cada uma dessas condições.

É importante notar que essa ilegitimidade a que nos referimos só pode ser assim considerada em relação ao parâmetro do que é supostamente legítimo como doença. E o que é considerado legítimo (ou real) na atualidade é um sinônimo de somático e atestável por exames. É nesse contexto que devem ser compreendidos a busca e o ativismo dos pacientes de síndromes funcionais em prol da pesquisas por causas somáticas.

A definição de queixas corporais medicamente inexplicáveis como psicogênicas e a consequente equação entre psicogênese e fraqueza da vontade são um reflexo do materialismo que equaciona o real com o que é fisicamente observável. O infortúnio maior do paciente portador de doenças sem explicações médicas é ser taxado como alguém sem autocontrole e sem vontade de melhorar, já que, na ausência de achados físicos, só dependeria dele se engajar na recuperação de sua própria saúde.

Na medida em que as definições de doença foram se tornando mais dependentes de sinais aparentemente objetivos (diagnóstico físico, resultados laboratoriais e de imageamento), as moléstias que não podem ser facilmente associadas com esses achados são naturalmente segregadas em um status inferior e acabam se situando no entremeio entre a doença e a autocondescendência.

Esses quadros clínicos formam doenças controversas, pois estão imersas no debate sobre sua própria legitimidade e seu estatuto médico, social, epistêmico e ontológico. O autor chama a atenção para o poder e a capacidade de penetração das entidades patológicas que se tornaram atores sociais, na medida em que se age individual e coletivamente a partir dessas doenças.

É interessante lembrar que a legitimidade social pressupõe identidade somática (Rosenberg, 2006), ou seja, a aceitação de que uma patologia é real e de que o sofredor merece respeito depende de que ela tenha indícios físicos reconhecíveis socialmente — do contrário, perderá sua capacidade de convencimento e o portador será visto como fingidor.

Tomemos o caso da síndrome da fadiga crônica. Sem um agente etiológico conhecido, o transtorno pode ser considerado uma doença? Diante da ausência de lesão ou de substrato biológico, como lutar pelos benefícios sociais, tais como licenças médicas e aposentadoria por invalidez, no caso em que o paciente está incapacitado para o trabalho? Como oferecer assistência adequada a uma doença envolta na incerteza acerca de sua própria legitimidade?

Devido às suas características contestáveis, tem-se negociado publicamente o estatuto de numerosas doenças, a maioria das quais possui uma natureza problemática. Talvez o caso mais gritante dos debates acerca da legitimidade epistemológica de uma categoria de doença tenha acontecido no início dos anos 1970, quando a Associação de Psiquiatria Americana decidiu votar a inclusão ou não da categoria de homossexualidade por ocasião de uma revisão do DSM. Os conflitos acerca da legitimidade social de doenças e transtornos mentais e as decisões acerca de etiologia, diagnóstico e terapêutica têm sido endêmicos na história da psiquiatria dos últimos 150 anos.

As síndromes funcionais, apesar de envolver a medicina, são negociadas fora da arena médica. O clima ao redor delas inclui cobertura da mídia, desconfiança dos profissionais de saúde, mobilização das partes interessadas, litígio entre advogados e planos de saúde. Os pacientes frequentemente constroem seus próprios diagnósticos a partir das informações culturalmente disponíveis e, principalmente, a partir dos veículos midiáticos. Por isso, os meios de comunicação compõem a percepção social e o sistema de crenças no qual se incluem e se difundem esses diagnósticos.

Situa-se nessa complexa rede de variáveis a flagrante adesão dos portadores a explicações reduzidas a aspectos exclusivamente somáticos das doenças, bem como a recusa a admitir quaisquer implicações pessoais. O cérebro, os vírus, os genes desculpabilizam pelo transtorno, apontando para uma causalidade concreta e objetiva, que pode ser usada para reivindicar verbas públicas para a pesquisa e para o tratamento.

É importante notar as diferenças no modo como concebemos as doenças do corpo e as da mente. Na primeira, partimos do pressuposto da irrelevância da dimensão da vontade e na segunda, da centralidade dela (Grecco, 1993). Isso significa, por exemplo, que há um valor diferente em dizermos que alguém faltou ao trabalho por causa de uma crise renal ou por causa de uma crise de depressão. A crise renal é notadamente causada por agentes biológicos, que podem envolver desde bactérias até cálculos, e, diante desses agentes, a vontade do indivíduo não está em jogo.

No caso dessas doenças etiologicamente incertas, o sofredor deve arcar com o peso de provar sua doença mobilizando fatos, já que os médicos, o sistema de saúde e as agências de seguro parecem incapazes de ouvir suas reivindicações. São doenças que "se tem de lutar para ter", como afirma Dumit (2006).

A responsabilidade para esses pacientes é dupla: obter reconhecimento por seu sofrimento enquanto conseguem ajuda para aplacar os sintomas em curso. O que eles passam a requisitar são fatos que mostrem que a doença é real. Por causa da incerteza das doenças, os fatos são suscetíveis de ser construídos e reconstruídos pelos participantes. Uma etiologia psicológica enfraquece sua luta, porque a legitimidade social depende de algo real. Na tentativa de convencer seus pares, eles se apegam ao biológico como se se apegassem à normalidade.

No caso de uma depressão, por exemplo — a não ser que seja compreendida como ligada exclusivamente a um agente biológico — ela é percebida a partir da incapacidade do sofredor de superar suas próprias dificuldades, já que, na ausência de uma causa física, só lhe resta lutar contra aquilo que está "na sua cabeça". Nesse cenário, faltar ao trabalho por uma crise renal é socialmente mais legítimo do que se ausentar por uma crise depressiva. No entanto, com as novas explicações para a depressão, centradas na química cerebral, talvez em muito pouco tempo essas duas condições se equivalham socialmente, já que nenhuma delas terá qualquer relação com a vontade do indivíduo.

Certamente, as práticas de seguro e indenização relacionadas aos perigos do trabalho e da indústria, emergentes na segunda metade do século XIX, provocaram uma mudança na percepção da saúde como uma condição crucial para a oportunidade de trabalho. Em contrapartida, fizeram surgir a ideia de que a doença pode constituir uma oportunidade de liberação do trabalho socialmente consentida e impune. Decorre disso que o conceito de doença centrado no mecanismo biológico torna-se um princípio de realidade na base do qual é possível discriminar entre uma necessidade genuína de cuidado e uma demanda injustificada. A moléstia objetiva é uma prova do fato de que as desvantagens de uma dada condição são maiores do que as vantagens que podem derivar dela. A presença certificada de uma alteração físico-química torna-se uma ferramenta do especialista para desconsiderar o ponto de vista motivacional na formação da condição patológica.

Para ilustrar esse ponto, é interessante considerar o que acontece quando uma percepção de necessidade de cuidado médico não é corroborada pelo diagnóstico baseado na evidência fisiológica. Nesses casos, tanto a queixa do paciente quanto a demanda pelo serviço de saúde são vistos como abuso. Isso ilustra claramente o que acontece quando a realidade do problema médico é deslocada do corpo físico — entendido como uma máquina — para o corpo entendido em um contexto de sentidos pessoais e manifestações singulares.

Se nos centramos no lugar que os fenômenos subjetivos do adoecimento ocupam no modelo biomédico, observaremos que a grande dificuldade da medicina ocidental está relacionada ao campo do sofrimento e mal-estar existencial, por serem queixas dificilmente enquadráveis nos diagnósticos baseados em lesões ou anormalidades encontradas por instrumentos objetivos. A experiência de sofrimento não é considerada um fato biomedicamente digno de nota, havendo, assim, uma invalidação das reivindicações subjetivas. Devem-se ter sinais laboratoriais para se estar sofrendo de fato. Nesse contexto, os casos sem lesão são frequentemente encaminhados aos profissionais da psiquiatria e da psicologia, a quem, em tese, o mental se endereça, como se a subjetividade fosse um compartimento que diz respeito apenas aos profissionais "psi", como psiquiatras, psicanalistas, psicólogos e psicoterapeutas (Camargo et al., 2006).

Esse processo demonstra que o foco de atenção da biomedicina é o da objetividade da doença, e não o da subjetividade do doente. Como relembram os autores, a imersão da prática médica no interior do modelo das ciências naturais fragmentou o paciente, nos seus sintomas objetivos (em geral, os que se adaptam ao modelo esperado das doenças) e subjetivos (menosprezados em sua importância clínica).

Dos processos acima mencionados decorre que o status hierarquicamente inferior ao qual é associada toda manifestação mental da doença acaba por promover uma equação entre psicogênese e lassidão moral. Ora, esse fato contribui diretamente para a perpetuação de uma visão biologicamente orientada das doenças sem substrato orgânico. Se o sentido das doenças, quando pressuposta sua origem psicossocial, deve ser procurado na responsabilidade (e, por que não dizer, na culpa) do paciente, o principal problema da admissão de fatores que não se restrinjam à estrita biologia é que eles fazem com que o paciente se perceba e seja percebido como um pseudossofredor.

É interessante notar, na esteira desses mesmos processos, a emergência do termo estresse e sua popularização entre as camadas leigas. Esse conceito, surgido nas pesquisas biológicas de Hans Selye (1956), foi posteriormente assumido pelas abordagens psicológicas. Seu uso contemporâneo parece se situar na atualidade como uma "trincheira nosológica" ou como nome legítimo para falar dos fatores não exclusivamente somáticos, implicados nos modos de relação com o trabalho e na vida como um todo.

Seria esse o termo que nos restou hoje para nos referirmos ao que não é exclusivamente biológico nas doenças, depois do desgaste teórico e moral de termos como psicossomático e psicogênico? Seria o estresse — por sua clara associação com o excesso de atividades e com um indivíduo que adoece de tanto comprometimento ou de tanto trabalho — um termo legítimo para falar do que é moralmente constrangedor, como a falta de motivação, o cansaço e a perda de sentido das atividades que muitas vezes realizamos?

Em face desse quadro, é bastante plausível que explicações físicas baseadas em vírus, no sistema imunológico, nos genes ou no funcionamento cerebral sejam úteis aos pacientes como proteção contra os julgamentos sociais que os colocam numa posição de fracasso no manejo da vontade de melhorar.

As doenças para as quais ainda não se pode alcançar um substrato físico explicativo são, sem dúvida, um campo que nos ajuda a questionar o privilégio das evidências mecânicas no processo de diagnóstico e na terapêutica. Ao mesmo tempo elas nos permitem analisar os impactos vividos pelos pacientes portadores de síndromes que não correspondem aos padrões de objetividade médica. A célebre frase, atribuída ao astrônomo Carl Sagan, "ausência de evidências não significa evidência da ausência", ainda que utilizada em outro contexto, é bastante pertinente para o caso aqui debatido. O fato de que essas doenças não tenham um fundamento físico específico como causa não significa que elas não existam. Talvez nelas estejam envolvidas outras variáveis psicossociais que as máquinas — apesar de sua grande acuidade — ainda não são capazes de revelar.

Pacientes que se tornam ativistas: os grupos de apoio a portadores

Os movimentos de apoio aos pacientes de síndromes funcionais e de outras condições sem plena elucidação médica têm contribuído diretamente para a construção de legitimidade para essas doenças controversas. Como já assinalamos anteriormente, as vicissitudes da biopolítica na contemporaneidade incluem a ação de grupos e comunidades unidos por critérios biológicos, destacando-se nesse processo a emergência das comunidades de risco: usuários de drogas, adolescentes pró-anorexia, crianças e adolescentes em risco social. Novas categorias de biossociabilidade são criadas ao redor de critérios como vulnerabilidade corporal, sofrimento somático, suscetibilidade genética.

Esses grupos de apoio certamente não são novidades — os primeiros movimentos remontam ao fim da Primeira Guerra Mundial, quando surgiram as associações para defesa do seguro dos ex-combatentes. O que há de novo no seu desenvolvimento na contemporaneidade é o fato de os próprios pacientes e cuidadores manejarem um conhecimento altamente especializado sobre sua condição, criando novas formas de ativismo político na saúde.

Dentro desse contexto, não há como menosprezar o papel das novas tecnologias informacionais. A internet tornou-se um meio privilegiado de engajamento dos indivíduos nesse processo de agrupamento por critérios biológicos, dando acesso a informações divulgadas por profissionais da área, mas também a sugestões sobre como conduzir a vida em face da doença. Esse modo de agrupamento envolve formas pouco usuais de ativismo, como as campanhas virtuais por um tratamento melhor para as doenças, a luta contra o estigma e pelo acesso a serviços de saúde. Trata-se de novas formas de cidadania, pela incorporação de doentes em comunidades ligadas eletronicamente por *sites*, listas de emails, fóruns de discussão — constituindo o que Novas e Rose (2004) chamam de biocidadania digital.

Os grupos de apoio de portadores (e cuidadores) incluem transtornos neurodegenerativos (Alzheimer, Parkinson, esclerose múltipla), de déficit de atenção e hiperatividade (TDAH), esquizofrenia, demência frontotemporal (*frontotemporal dementia* — FTD), doença de Huntington, síndrome da fadiga crônica, síndrome fibromiálgica, dentre outros. As funções e os objetivos desses grupos são diferentes, pois atendem às especificidades de cada transtorno.

De forma geral, os *sites* desses grupos servem como forma de acesso a informações, de estabelecimento de relações entre os interessados no assunto, contato primário com a descrição das síndromes, de participação em fóruns virtuais e, principalmente, de articulação de formas de luta pela legitimidade da condição clínica. O contato entre os membros pode acontecer em encontros regulares — no caso dos grupos não virtuais — ou por meio de modalidades oferecidas pela internet, como videoconferências, *sites* de relacionamentos pessoais, *blogs* e outros.

Cria-se com isso um sentimento de comunidade entre os portadores, que partilham dilemas, dividem informações de tratamentos pouco convencionais ou não atestados pela biomedicina e financiam, por meio de donativos, as pesquisas em busca de um fator biológico determinante da doença pela qual são acometidos. As comunidades virtuais que se reúnem em razão desses transtornos tornaram-se participantes ativos tanto da disseminação de achados de pesquisas quanto do direcionamento do apoio financeiro a algumas delas.

O crescimento dos grupos de pacientes tem sido documentado nos estudos sociológicos recentes que investigam os movimentos sociais no campo da saúde (Novas, 2006; Ehrenberg, 2004; Landzelius, 2006). As comunidades passam a ser um novo território para a administração de indivíduos e do coletivo, configurando um objeto emergente de intervenção coletiva.

O indivíduo em sua comunidade é responsável por si e, ao mesmo tempo, sujeito a vínculos de afinidade em uma rede de outros indivíduos. O envolvimento direto dos grupos de pacientes na pesquisa biomédica é um produto e um redimensionamento das asserções neoliberais de que cada um deve se responsabilizar pelo manejo e pela provisão de sua saúde. A ênfase no indivíduo como agente de seu próprio governo caminha em direção ao estabelecimento de um novo cenário de estratégias para manejo dos indivíduos em termos de suas próprias capacidades, habilidades e de seu empreendedorismo.

Um caso específico a ser ressaltado é o dos grupos formados especificamente pela internet, em que as pessoas são ligadas entre si por meios eletrônicos (*sites*, *chats*, fóruns). O campo da saúde mental nos oferece um número significativo de exemplos dessas associações virtuais. Um deles é a Aliança Nacional da Doença Mental (National Alliance on Mental Illness — NAMI), que advoga uma nova definição biológica para a doença mental que contribua para desestigmatizar a doença — mais precisamente, defende uma concepção de doença mental como doença do cérebro — com o que concorda o Instituto Nacional de Saúde Mental (National Institute of Mental Health — NIHM). A concepção de doença mental como doença do cérebro foi desenvolvida a partir do fim da década de 1970, quando a genética molecular começou suas pesquisas sobre as doenças psiquiátricas. A internet parece ser uma boa fonte de dados sobre a exploração da aceitação ou da resistência aos processos de medicalização, isto é, à dominância de uma perspectiva médica em relação a experiências que poderiam ser interpretadas em termos não médicos — religiosa ou moralmente.

O que se observa com a emergência desses grupos é um novo território da política — ainda que uma política de indivíduos somáticos — com objetos de contestação específicos, fóruns para debate, novas questões para a democracia. No limite, estamos diante de um novo estilo de ativismo, organizado em torno da vida como valor biológico e da esperança de desenvolver curas ou tratamento para condições patológicas.

Os grupos de apoio perceberam que a ausência de pesquisas era um obstáculo para a legitimação das doenças e tentaram interferir nesse processo. Assim, pacientes, parentes e cuidadores passaram a manejar a doença pelo acesso à literatura médica, a periódicos e informações pela internet, oferecendo suporte aos afetados e envolvendo-se diretamente na mobilização e no direcionamento das pesquisas (Wessely, Hotopf e Sharpe, 1998).

Essas ações pertencem ao campo dos movimentos sociais na saúde porque questionam a tradicional autoridade da ciência e da medicina, remodelando o contexto das normas da pesquisa científica. Caminhando paralelamente à ciência, aos profissionais de saúde e às autoridades políticas, tentam construir no presente a saúde futura de certos grupos populacionais — o que contribui para a reavaliação das normas da produção da ciência da saúde.

Nesses grupos, os indivíduos estão continuamente procurando explicações para suas doenças, questionando resultados de pesquisas científicas ou aderindo a elas e aos argumentos de autoridade. Seus objetivos incluem difundir informação, fazer campanhas por seus direitos e combater o estigma, apoiar os afetados, desenvolver técnicas para o manejo da doença, procurar formas alternativas de tratamento, ter voz no desenvolvimento dos estudos sobre as patologias. Esses sujeitos da biossociabilidade não são meramente produtos da internet, mas das atuais concepções de identidade e modalidades de exercício da cidadania, articuladas entre si.

É flagrante essa vicissitude da biopolítica, se comparada com o início do século XX. Diferentemente do que acontecia no Estado gestor dos riscos, na atualidade as próprias pessoas afetadas por doenças controversas se engajam na promoção de sua saúde e de seu bem-estar, bem como na de outros indivíduos e grupos. Esses processos aqui descritos têm direta implicação na representação que se faz do que é ser um paciente. A característica desses portadores é o envolvimento ativo no processo diagnóstico e terapêutico, já que é esperado do paciente que seja ativo, habilidoso e prudente, partilhando com o médico a responsabilidade pelo tratamento.

Cabe notar que há, entre os grupos e as associações virtuais, diferentes tipos de ativismo: alguns articulam e amplificam a voz dos pacientes; outros lhes prescrevem rotinas de cuidados; outros se engajam de forma radical no ativismo político em prol de uma causa que os favoreça; por fim, há os que lutam por desconstruir a ideia de que uma determinada característica biológica seja necessariamente uma doença. Analisaremos dois casos, para marcar as diferenças e os objetivos diversos dos grupos virtuais de apoio a pacientes.

Os fatigados e os autistas: diferentes usos das associações de pacientes

O primeiro caso a ser abordado é o dos grupos de apoio aos pacientes de síndrome da fadiga crônica. No caso específico dessa condição, pode-se destacar o forte sentido de comunidade entre os pacientes por meio dos serviços de apoio na internet, fundos de pesquisa e grupos on-line para *lobby* em prol do reconhecimento da doença. O paciente de SFC é muito bem informado, tendo acesso a artigos publicados pela comunidade acadêmica, resumos das definições e dos critérios já estabelecidos sobre a doença, recomendações dos advogados na busca pelos direitos de seguro saúde, dentre outros.

Os sites na internet são muitíssimo bem organizados e servem como forma de acesso às informações necessárias sobre a doença, além de estabelecimento de relações entre os interessados no assunto, de contato primário com a descrição da síndrome, de indicação para grupos de apoio em diferentes partes do mundo, para a participação em fóruns virtuais e, principalmente, para a articulação de formas de luta pela legitimidade da condição. Entre meados de 1995 e 1997, o Grupo de Discussão de Pacientes de Síndrome da Fadiga Crônica (CFS Patients Discussion Group), por exemplo, recebeu 54 mil mensagens de seus usuários (Dumit, 2000). A internet, nesses casos, oferece um meio para os sofredores geograficamente dispersos partilharem experiências, novidades, referências e fontes, mas, sobretudo, estratégias para lidar com médicos, seguros e outras burocracias.

No contexto da doença crônica, as inabilidades do paciente de continuar a preencher funções valorizadas e esperadas socialmente (cônjuge, parente, empregado, amigo) diminuem as oportunidades de que mantenham relações não ligadas ao fato de serem portadores de uma doença, restringindo seus contatos aos profissionais de saúde Ware (1998). Isso contribui para que eles se vejam como inadequados e disfuncionais, formatando uma identidade de doente. Essa identidade é partilhada, preferencialmente, nesses grupos de apoio.

A invisibilidade da doença — sem achados orgânicos e sem legitimidade social — encontra nesses sítios um modo de ser superada e ganhar alguma materialidade. Cria-se um sentimento de comunidade que partilha dilemas, dividindo entre si informações de tratamentos pouco convencionais ou não atestados pela biomedicina, além de financiar, por meio de donativos, as pesquisas em busca de um fator determinante da doença. As comunidades virtuais que se reúnem em razão desses transtornos tornaram-se participantes ativas tanto da disseminação de achados de pesquisas quanto do direcionamento do apoio financeiro a algumas delas.

Um exemplo de informação partilhada nos grupos é o guia de Cracchiolo (1994), que circulou por meio eletrônico entre os pacientes, intitulado *Lidando com médicos quando você tem síndrome da fadiga crônica* (*Dealing with Doctors When You Have Cronic Fatigue Syndrome*). Nele constam instruções sobre como se portar na consulta com psiquiatras. Aconselha-se, por exemplo, que o paciente leve citações e artigos fotocopiados, mantendo-se numa postura de igual para igual com o médico. Além disso, sugere-se que se vista bem por ocasião da consulta, o que evitaria o diagnóstico de depressão. Deve-se, ainda, tratar a situação como um encontro de negócios, evitando a postura de desespero diante de um médico onisciente.

Um ponto em destaque sobre os grupos de síndrome da fadiga crônica é que a busca de explicações somáticas para a doença, em detrimento de hipóteses psiquiátricas ou psicossociais, se torna, declaradamente, uma luta almejada pelos pacientes. Supõe-se que uma causa biológica resolveria, a um só tempo, dois grandes obstáculos vividos por eles: a falta de seriedade com a qual são tratados socialmente e por alguns profissionais da saúde — os quais, na ausência de causas somáticas, percebem-nos como fingidores, não lhes oferecendo uma abordagem terapêutica adequada — e a falta de amparo legal para a obtenção de benefícios relativos ao auxílio-doença, como a aposentadoria por invalidez e outros. Na busca pela etiologia de sua condição, os pacientes criam movimentos contra os manuais, as definições e pesquisas em que consta a importância dos aspectos psicossociais da doença ou relacionados às comorbidades psiquiátricas.

A luta por aceitação social e legitimidade ocorre, sobretudo, em dois eixos, ligados entre si: a busca por uma etiologia orgânica e o amparo do seguro social aos pacientes. A solicitação é que a doença possa ser segurada como as orgânicas, mas para isso é preciso uma demonstração objetiva de seus agentes. Há uma gama de benefícios sociais aos quais um portador pode ter acesso no Reino Unido. No entanto, os pacientes relatam dificuldades de obtê-los, já que há uma falta de reconhecimento da doença como algo real, crônico e incapacitante. A falta de evidência objetiva coloca as seguradoras e os pacientes em um dilema sem fim.

Os advogados desses grupos defendem a tese de que a doença é decorrência de um dano físico, porque assim as síndromes e seus pacientes não serão censurados, tendo mais chances de receber os direitos dos seguros de saúde, como no caso de qualquer outra doença com agente etiopatológico claro. O sofrimento do paciente passa a estar envolto em um imperativo burocrático, em que é imprescindível a construção de quadros nosológicos, guias, tabelas, protocolos e mecanismos administrativos aparentemente objetivos, constituindo uma estrutura mediadora entre o governo e o setor privado, entre médicos e pacientes, especialistas e generalistas. Essa infraestrutura acaba se tornando parte da doença (Rosenberg, 2002; 2006).

Alguns sítios virtuais ilustram muito bem os processos aqui apontados. O site Fundação Nacional da Síndrome da Fadiga Crônica e Disfunção Imune (The National CFIDS Foundation) tem o objetivo de obter fundos para pesquisas que encontrem a "causa efetiva" da doença e que consigam um tratamento e uma cura para essa condição, bem como oferecer apoio, informação e educação para pacientes e profissionais de saúde envolvidos com a SFC. Há também o Grupo de Trabalho do Instituto Transnacional de Saúde para Pesquisa da Síndrome da Fadiga Crônica (Trans-NIH Working Group for Research on Chronic Fatigue Syndrome), financiado pelo órgão oficial de pesquisa da saúde da mulher dos Estados Unidos, com os mesmos objetivos dos sites anteriormente descritos. Outro *site* é o da Associação Americana da Síndrome da Fadiga Crônica e Disfunção Imune (The CFIDS Association of America), que está há 20 anos no ar, contribuindo para a construção da história dessa categoria de doença.

Diante desse panorama, os pacientes se tornaram ativistas e o clima em torno da questão é permeado por uma atmosfera e uma retórica de batalha entre adversários. É importante observar que tais grupos estão ligados, sobretudo, a uma retórica antissaúde mental e antipsicogênese, tanto quanto a uma falta de tolerância com conceitualizações e estratégias de enfrentamento que não estejam de acordo com as hipóteses biológicas (Wessely, Hotopf e Sharpe, 1998). A classificação da síndrome como uma condição psicológica ou psiquiátrica é considerada mais prejudicial do que permanecer na incerteza.

Há razões práticas para o endosso de explicações exclusivamente somáticas que merecem destaque. No caso dos Estados Unidos, por exemplo, o sistema de seguro favorece essa escolha, estimulando uma concepção materialista do adoecimento, já que uma doença "verdadeira", que atinge o corpo, é mais bem remunerada do que doenças psicogênicas. Não há equivalência entre o reembolso dos tratamentos psiquiátricos e as outras condições médicas.

Outro caso a ser analisado é o dos grupos virtuais de pacientes e cuidadores de autistas, particularmente os portadores de um caso típico denominado síndrome de Asperger — uma forma branda de autismo. Essas associações demonstram as diferenças entre os objetivos e os propósitos dos grupos de apoio, de acordo com a patologia em questão.

Desde 1940 até meados de 1960, houve no mundo anglo-saxão um ataque implacável aos pais de autistas, o que dificultou o aparecimento de organizações de pacientes e parentes. Os pais absorveram acusações e suportaram a culpa pela hegemonia médica e sociocultural do paradigma psicanalítico, cuja leitura do autismo se centrava no papel frívolo da mãe em relação a seu filho, epitomizado na expressão mãe-geladeira. No entanto, naquele momento, frente às explicações orgânicas que remetiam a doença a um destino inevitável e imutável, a abordagem psicológica parecia oferecer alguns benefícios. A partir da década de 1960, com o declínio das explicações psicanalíticas para a patologia em foco, houve um deslocamento do modelo psicanalítico e a concomitante aproximação das neurociências. Esse processo possibilitou que os pais fossem desresponsabilizados do destino subjetivos dos filhos (Dolnick, 1998).

É devido a esse deslocamento que surgiram movimentos de pais e profissionais que buscavam a cura para o autismo, apoiando terapias comportamentais e psicofarmacológicas. Em meados dos anos 1960, aparecem as primeiras associações de pais de autistas, dentre elas a Sociedade Britânica para as Crianças Autistas (British Society for Autistic Children), atualmente denominada de Sociedade Nacional Autista (National Autistic Society). Em 1964, é fundada a Sociedade Americana de Autismo (Autism Society of America).

O surgimento da internet, no início dos anos 1990, marca o surgimento de novas organizações de autoadvocacia autista, dentre as quais se destaca a Lista de Autismo e de Deficiências do Desenvolvimento (Autism and Developmental Disabilities List), criada em 1991 por Ray Kopp e pelo Dr. Zenhausern na Universidade de St. John, no formato de lista de internet. Essa lista foi em grande medida responsável pela difusão da terapia comportamental para autistas.

A obsessão pela cura e pelo desenvolvimento de maneiras de adaptar as crianças autistas levou a uma série de críticas de adultos incluídos no espectro de transtornos autísticos, que se sentem incompreendidos e desrespeitados pelos especialistas e os parentes. Como consequência, surgiu em 1992, entre os autistas australianos e americanos, a Rede Internacional do Autismo (Autism Network International – ANI), criada pelos autistas Jim Sinclair e Donna Williams. Apesar de não vetar a entrada de não autistas, a tomada de decisões deveria estar somente entre autistas.

Essa exigência é reivindicada frequentemente pelos ativistas do movimento (sendo a maioria de portadores da síndrome de Asperger). A tomada de decisões na auto-organização social e política do movimento deve contar com portadores do transtorno, com o objetivo de contestar a visão negativa do autismo representada nas primeiras listas de profissionais e parentes de crianças, cuja obsessão com a cura é considerada um desrespeito da forma de ser autista.

Esse movimento anticura se insere em um território mais abrangente do movimento da neurodiversidade, que é um termo cunhado em 1999 pela socióloga Judy Singer, portadora da síndrome de Asperger. Para ela, o aparecimento do movimento foi propulsionado por vários fenômenos, como a emergência do feminismo — que forneceu confiança às mães para questionar o modelo psicanalítico dominante, o qual as culpava pelo transtorno autista dos filhos; a ascensão de grupos de apoio aos pacientes pela internet e a consequente diminuição da autoridade dos médicos, pela livre transmissão de informações sem mediação de especialistas; e, finalmente, pelo crescimento de movimentos políticos de deficientes, bem como de autoadvocacia.

Indivíduos diagnosticados com autismo, especificamente os portadores da síndrome de Asperger, são a força motriz desse movimento. Para eles, o autismo não é uma doença, mas uma parte constitutiva do que eles são. Procurar uma cura implica assumir que o autismo é uma doença, não uma diferença humana. Os participantes desse movimento da neurodiversidade acreditam que uma conexão neurológica atípica não é uma doença a ser tratada, mas uma diferença a ser respeitada. Eles se consideram uma minoria, uma cultura diferente com padrões de comunicação e hábitos diferentes. Se o autismo não é uma doença, mas sim uma diferença, a procura pela cura constitui uma tentativa de apagar a diversidade.

No entanto, os próprios ativistas do movimento e as organizações de pais e profissionais possuem concepções antagônicas: o autismo é uma doença a ser tratada ou uma diferença a ser respeitada? Um dos pontos mais conflitantes diz respeito à terapia cognitiva Análise Aplicada do Comportamento (Applied Behavior Analysis — ABA), que para muitos pais constitui a única terapia que permite que as crianças autistas obtenham progresso no estabelecimento de contato visual em certas tarefas cognitivas. Para os ativistas anticura, a terapia reprime a forma de expressão natural dos autistas (Dawson, 2005).

Portanto, na contramão do movimento da neurodiversidade autista encontram-se outros grupos, como o Cure o Autismo Agora (Cure Autism Now), fundado em 1995 por Jonathan Shestack e Portia Iversen, pais de uma criança autista. Essa associação reúne pais, médicos e cientistas consagrados com a finalidade de acelerar o ritmo da pesquisa biomédica do autismo, levantando fundos para a pesquisa e a educação.

No Brasil, o recentemente criado Movimento Orgulho Autista Brasil integra uma rede de países que comemora a neurodiversidade em 18 de junho. O principal evento mundial do Dia do Orgulho Autista de 2005 foi realizado em Brasília. Na contramão, se encontram também no Brasil as associações de pais e profissionais que buscam cura para o autismo. As mais conhecidas são a AMA (Associação de Amigos do Autista) e a AUMA (Associação dos Amigos da Criança Autista).

Há disponível na internet um vasto material de *sites* que celebram a identidade autista como subcultura — mais especificamente a cultura Aspie, em referência à síndrome de Asperger. Os sites indicam literatura de ficção especializada sobre o transtorno, organizações de apoio, *blogs* e *chats* que facilitam a interação entre autistas, além do encontro de amigos e cônjuges. O objetivo fundamental dos movimentos é promover o empoderamento (*empowerment*) da cultura autista.

Os dois exemplos de associações de grupo de portadores de doenças controversas — síndrome da fadiga crônica e autismo (síndrome de Asperger) — demonstram pontos de proximidade e de afastamento entre seus objetivos. Se, por um lado, o modo como se reúnem e se organizam por fóruns, *chats* e *sites* de relacionamento virtuais é semelhante, os intuitos que cada um deles tem em vista são diferenciados, pois levam em conta as particularidades de cada doença e as necessidades nas quais cada uma delas está envolta.

Essas associações em geral estão imersas em uma dupla reivindicação, que é política, na medida em que visa ao combate em prol de direitos que amparariam o sofredor, mas é também identitária, já que procura estabelecer entre os pacientes um laço de identificação que os permitirá pleitear direitos comuns e dedicação dos profissionais de saúde à sua condição patológica. Certamente, a organização dessas associações é também uma resposta ao olhar das autoridades médicas e administrativas de saúde a respeito dessas doenças controversas.

Um ponto de diferenciação entre os grupos de pacientes com fadiga crônica e os grupos de autistas (Asperger) é o estatuto ontológico que a condição clínica possui para cada um deles: doença para uns, diversidade cerebral para outros. No caso do autismo, os pacientes reivindicam que não seja considerado doença, mas parte de sua identidade. Procurar a cura seria uma estratégia eugênica, que visaria a extinguir essa nova categoria de diferença humana. Essa preocupação não é sem motivo, já que o desenvolvimento dos testes genéticos permite vislumbrar a possibilidade de diagnóstico fetal do autismo e, quiçá, das diferenciadas manifestações que se incluem em seu espectro de abrangência. Para os ativistas do movimento autista, os testes pré-natais constituem uma verdadeira ameaça eugênica que visa ao aborto dos neurodivergentes.

Já no caso da síndrome da fadiga crônica, o objetivo dos grupos que descrevemos é o oposto — o de financiar pesquisas que evitem explicações psiquiátricas e psicossociais, em prol da busca por agentes etiológicos somáticos que confiram à doença a objetividade de que ela carece, além da legitimidade que lhe pode ser útil na busca por direitos de assistência à saúde.

A despeito das diferenças — que não estão presentes apenas entre as categorias de doença, mas igualmente dentro das associações — o agrupamento virtual de pacientes e cuidadores aponta algumas das novas modalidades de atuação política no campo da saúde.

Conclusão

A relação entre a ciência médica e a experiência cotidiana de nossos corpos tem imposto perguntas aos que se dedicam a compreendê-la. Os temas tratados ao longo do livro nos levam a algumas questões, que no momento servem mais para levantar debates do que para ser respondidas.

Observamos, por exemplo, que as fronteiras da relação médico-paciente estão em processo de mudança, assentadas em um paradoxo. Por um lado, temos o alto grau de especialização da profissão médica, aliado ao também alto nível de utilização de tecnologias que dispensam o relato do paciente. Por outro, o pacientes são cada vez mais incitados a autogerir sua saúde, adquirindo conhecimentos médicos por meios não oficiais, como na internet e nas associações virtuais de portadores, especificamente. Do médico solicita-se que escute cada vez menos, em prol da objetividade de meios diagnósticos em uso corrente. Mas os pacientes querem e podem falar cada vez mais, imbuídos de uma postura ativa a respeito do seu adoecimento. Não é sem motivo que os pacientes se engajam em um contínuo processo de empoderamento (*empowerment*). Eles são continuamente incitados a isso, em uma sociedade de retrocesso do Estado de bem-estar social.

Outro ponto que merece ser ponderado, em direta relação com o tópico acima tratado, é o lugar que o saber médico passa a ocupar na contemporaneidade. Por um lado, à medicina são endereçadas as mais variadas perguntas no que se refere ao desvendamento de doenças e comportamentos. Os alcances técnicos suscitam esperanças sem precedentes e as "descobertas" médicas ganham lugar de destaque na orientação na conduta e nas expectativas dos indivíduos. Por outro lado, a medicina é amplamente questionada em sua autoridade de legislar sobre a verdade das doenças. O estatuto das patologias tem sido negociado fora da esfera biomédica, por advogados, lobistas, e, sobretudo, pacientes, interessados em obter seus direitos de seguridade. A autoridade das asserções médicas é questionada, na medida em que não sejam úteis para a obtenção dos objetivos dos sofredores.

Outro tópico a ser discutido é que os avanços das biotecnologias e da (psico)farmacologia trazem como consequência não somente a expansão das possibilidades de diagnóstico e terapêutica, mas do aperfeiçoamento de habilidades cognitivas e do humor. Mais do que a cura das doenças, as tecnologias médicas permitem melhorar o que já está saudável, apontando para uma questão ética importante, que é a do uso de medicamentos para fins de aprimoramento da performance individual. Em vez de apenas melhorar o estado de perturbação, os medicamentos permitem ficar "mais do que bem".

Por fim, um ponto digno de discussão são os possíveis desdobramentos que se acirrarão daqui em diante, relacionados à necessidade de manejarmos o risco de contrair e desenvolver doenças. Em uma sociedade cujo ideal de saúde é o de gerenciar o risco de não permanecer saudável, as técnicas de manutenção e prevenção de doenças ganham destacada importância. E abrangem não somente indivíduos adultos, mas também aqueles em vias de nascer. Já assistimos ao uso corrente de procedimentos médicos para extirpar os riscos patológicos, como a mastectomia bilateral profilática. É possível que dentro de relativamente pouco tempo o aperfeiçoamento dos testes genéticos ofereça ainda mais informações sobre condições patológicas. Mas o que faremos diante das informações sobre nosso futuro? Estamos preparados para saber o que nos reserva o futuro, por meio de nossas cadeias genéticas? Como lidaremos com o fato de que a ciência tem se incumbido, com nosso consentimento, de uma função oracular sobre nossa saúde? Esse conhecimento nos levará a práticas de controle de risco que, no limite, poderiam ser consideradas eugênicas?

É paradoxal, contudo, perceber que os testes genéticos dão acesso a informações que apontam na direção de doenças específicas, embora não as definam. A ampla margem da expressão gênica não nos permite agir em função de certezas, mas de probabilidades. Se o manejo dos riscos pode nos afastar, com antecedência, de uma "biologia malévola" que trazemos conosco, em contrapartida o suporte biológico não é compreendido como um destino. Ao contrário, aquilo que outrora era pensado como imutável em nós — nossa herança geracional — é transformado em um campo passível de modificação e remodelagem, bem como de produção de valor.

O mais curioso é que as celeumas mencionadas não são questões de *experts* em saúde. Elas perpassam o cotidiano dos indivíduos imersos em uma cultura somática, preocupados em como viver mais e melhor — o que demonstra a grande penetração da ciência médica, na atualidade, no modo como descrevemos ou definimos o humano.

Bibliografia

ALAC, Morana (2004). Negotiating pictures of numbers. *Journal of Social Epistemology*, n. 2-3, p. 199-214.

ALEXANDER, Franz (1989). *Medicina psicossomática*. Porto Alegre: Artes Médicas.

American Psychiatric Associtation (2002). DSM-IV-TR. *Manual diagnóstico e estatístico de transtornos mentais*. 4. ed. Porto Alegre: Artmed.

ANNONI, Jean-Marie; BARRAS, Vincent (1993). La Découpe du corps humain et ses justifications dans l'antiquité. *Canadian Bulletin for Medical History*, v. 10, p. 185-227.

ARENDT, H. (1989). *A condição humana*. Rio de Janeiro: Forense Universitária.

BATTRO, Antonio (2000). *Half a Brain is Enough:* The story of Nico. Cambridge: Cambridge University Press.

BARSKY, Arthur; BORUS, Jonathan (1999). Functional somatic syndromes. *Annals of Internal Medicine*, v. 130, n. 11, p. 910-921.

BRUNO, Fernanda (2004a). Máquinas de ver, modos de ser: visibilidade e subjetividade nas novas tecnologias de informação e de comunicação. *Famecos*, 24.

——— (2004b). A obscenidade do cotidiano e a cena comunicacional contemporânea. *Famecos*, 25.

CANGUILLEM, Georges (1995). *O normal e o patológico*. Rio de Janeiro: Forense Universitária.

——— (2005). As doenças. In: ———. *Ensaios sobre a medicina*. Rio de Janeiro: Forense.

CAMARGO JR., Kenneth R. de; GUEDES, Carla Ribeiro; NOGUEIRA, Maria Inês (2006). A subjetividade como anomalia: contribuições epistemológicas para a crítica do modelo biomédico. *Ciência & Saúde Coletiva*, v. 11, n. 4, p. 1.093-1.103.

CANNON, Walter (1915). *Bodily Changes in Pain, Hunger, Fear and Rage*. Nova York: Appleton.

——— (1939). *The Wisdom of the Body*. Nova York: Norton.

CARLINO, Andrea (1999). *Books of the Body. Anatomical Ritual and Renaissance Learning*. Chicago e Londres: The University of Chicago Press.

CHARCOT, Jean-Martin (2003 [1888]). Paralisia histerotraumática desenvolvida pela sugestão. In: ———. *Grande histeria*. Rio de Janeiro: Contracapa.

——— (1888). *Leçons du mardi à la Salpêtriére*: Progrès medicale. Paris: Lecrosniew & Babe, t. 1.

CARTWRIGHT, Lisa (1995). *Screening the Body*: Tracing medicine's visual culture. Londres: University of Minessota Press.

CASTEL, Robert (1987). *A gestão dos riscos*: Da antipsiquiatria à póspsicanálise. Rio de Janeiro: Francisco Alves.

COSTA, Jurandir Freire (2004). *O vestígio e a aura*: Corpo e consumismo na moral do espetáculo. Rio de Janeiro: Garamond.

CRACCHIOLO, Camilla (1994). *Dealing with Doctors when You Have Chronic Fatigue Syndrome*. Disponível em http://www.geocities.com/cfsdays/doc-tips.htm (acesso em abril de 2007).

CREASE, Robert P. (1993). Biomedicine in the age of imaging. *Science*, v. 261, p. 554-561.

DASTON, Lorraine; GALISON, Peter (1992). The image of objectivity. *Representations*, n. 40. Special Issue: Seeing Science, p. 81-128.

DAWSON, Michele (2004). The misbehaviour of behaviourists. Disponível em http://web.archive.org/web/20051104060742/www.sentex.net/ ~nexus23/naa_aba.html (acesso em junho de 2005).

DEBORD, Guy (1997). *A sociedade do espetáculo: comentários sobre a sociedade do espetáculo*. Rio de Janeiro: Contraponto.

DIDI-HUBERMAN, Georges (1984). *Invention de l'hystérie: Charcot et l'iconographie photographique de la Salpêtrière*. Paris: Macula.

DOLNICK, Edward (1998). *Madness on the Couch*: Blaming the victim in the heyday of psychoanalysis. Nova York: Simon & Schuster.

DROR, Otniel (1999). The scientific image of emotion: experience and technologies of inscription. *Configurations*, v. 7, n. 3, p. 355-401.

DUMIT, Joseph (2000). When explanations rest "good-enough": brain science and the new socio-medical disorders. In: Margareth Lock; Alan Young; Alberto Cambrosio. *Living and Working with the New Medical Technologies. Intersections of Inquiry*. Cambridge: Cambridge University Press, p. 209-232.

——— (2004). *Picturing Personhood*: Brain scans and biomedical identity. Princeton: Princeton University Press.

——— (2006). Illness you have to fight to get: Facts and forces in uncertain, emergent illnesses. *Social Science and Medicine*, v. 62, n. 3, p. 577-590.

EHRENBERG, Alain (1998). *La Fatigue d'être soi*: Depréssion et societé. Paris: Odile Jacob.

―――― (2004). Le Sujét cerebral. *Esprit*, p. 130-155.

EY, Enri; BERNARD, Paul; BRISSET, Charles (1985). *Manual de psiquiatria*. São Paulo: Masson do Brasil.

FAURE, Olivier (2008). O olhar dos médicos. In: Alain Corbin. *História do corpo*, v. 2: *Da revolução à grande guerra*. Petrópolis: Vozes.

FAVAZZA, Armando R. (1996). *Bodies under Siege*: Self-mutilation and body modification in culture and psychology. Baltimore e Londres: The Johns Hopkins University Press.

FORBES, Jorge; RIVA, Daniele (2004). Complexo de cientista. *Folha de S.Paulo*, 11 jul., Caderno Mais!

FOUCAULT, Michael (2003). *O nascimento da clínica*. Rio de Janeiro: Forense Universitária.

―――― (1995a). *Vigiar e punir*: nascimento da prisão. Petrópolis: Vozes.

―――― (1995b). O sujeito e o poder. In: Hubert Dreyfus; Paul Rabinow. *Michel Foucault, uma trajetória filosófica*: para além do estruturalismo e da hermenêutica. Rio de Janeiro: Forense Universitária.

―――― (1999). *História da sexualidade I: A vontade de saber*. 13. ed. Rio de Janeiro: Graal.

―――― (2000). *Em defesa da sociedade*. Curso no Collège de France (1975-1976). São Paulo: Martins Fontes.

FREUD, Sigmund (1987 [1891]). *Contribution à la conception des aphasies*. Paris: PUF.

―――― (1996 [1893]). *Algumas considerações para um estudo comparativo das paralisias motoras orgânicas e histéricas*. Edição standard brasileira das obras psicológicas completas de Sigmund Freud, v. 1. Rio de Janeiro: Imago.

―――― (1996 [1900]). *A interpretação dos sonhos*. Edição standard brasileira das obras psicológicas completas de Sigmund Freud, v. IV. Rio de Janeiro: Imago.

GARCIA-ROZA, L. A. (1991). *Introdução à metapsicologia freudiana*, v. 1. Rio de Janeiro: Zahar.

GOULD, Stephen (1991). *A falsa medida do homem*. São Paulo: Martins Fontes.

GRECCO, Monica (1993). Psychosomatic subjects and the "duty to be well": Personal agency within medical rationality. *Economy and Society*, v. 22, n. 3, p. 357-372.

GRIESINGER, Wilhelm (1865). *Traité des maladies mentales*: Considerarions générales, v. 1. Paris: Adiren Delahaye Libraire.

HARRIS, John; KESSLER, Ronald; GAZZANIGA, Michel et al. (2008). Towards responsible use of cognitive-enhancing drugs by the healthy. *Nature*, v. 456, p. 702-705.

HARRIS, John; QUIGLEY, Muireann (2008). Humans have always tried to improve their condition. *Nature*, 451, 521, 30 jan.

HART, Valéria (2008). Febre de cérebro. *Revista Educação*, v. 129, São Paulo.

HARTMANN, Lynn C.; SCHAID, Daniel J.; WOODS, John E. et al. (1999). Efficacy of bilateral prophylactic mastectomy in women with a family history of breast cancer. *The New England Journal of Medicine*, v. 340, p. 77-84.

JAMES, William (1952 [1890]). *The Principles of Psychology*. Chicago, Londres, Toronto: Great Books of the Western World.

KANDEL, Eric R. (1999). Biology and the future of psychoanalysis: A new intellectual framework for psychiatry revisited. *American Journal of Psychiatry*, v. 156, n. 4, p. 505-524.

KAPLAN, Harold I.; SADOCK, Benjamin J. (1999). *Tratado de psiquiatria*, v. 2. Porto Alegre: Artes Médicas.

KEVLES, Bettyann Holtzmann (1998). *Naked to the Bone*: Medical imaging in the twentieth century. Reading (MA): Helix Books.

KIRMAYER, Laurence (2006). Beyond the "new cross-cultural psychiatry": Cultural biology, discursive psychology and the ironies of globalization. *Transcultural Psychiatry*, v. 43, n. 1, p. 126-144.

KLEINMAN, Arthur (1986). *Social Origins of Distress and Disease: Depression, Neurasthenia, and Pain in Modern China*. New Haven: Yale University Press.

KOSSLYN, Stephen (1999). If neuroimaging is the answer, what is the question?. *Philosophical Transactions. Biological Sciences*, v. 354, n. 1387, p. 1.283-1.294.

LANDZELIUS, Kyra (2006). Introduction: Patient organization movements and new metamorphoses in patienthood. *Social Science & Medicine*, v. 62, n. 3, p. 529-537.

LAURENCE, Jeremy (2009). Cérebro turbinado. *Folha de S.Paulo*, 21 jun., Caderno Ciência.

LÉVI-STRAUSS, Claude (2008). Magia e religião. In: ———. *Antropologia estrutural*. São Paulo: Cosac Naify.

LIPOWSKY, Zibigniev (1986a). Psychosomatic medicine: Past and present, Part I. Historical Background. *Canadian Journal of Psychiatry*, v. 31, n. 1, p. 1-7.

――― (1986b). Psychosomatic medicine: Past and present. Part III. Current Research. *Canadian Journal of Psychiatry*, v. 31, n. 1, p. 14-21.

LIPPIT, Akira Mizuta (1996). Phenomenologies of the surface: Radiation-body-image. *Qui parle. Literature, Philosophy, Visual Arts, History*, v. 9, n. 2, p. 31-50.

LÓPEZ PIÑERO, José Maria (1983). *Historical Origins of the Concept of Neurosis*. Cambridge: Cambridge University Press.

LUZ, Madel Terezinha; CAMARGO JR., Kenneth R. de (1993). I Seminário do Projeto Racionalidades Médicas. Rio de Janeiro: IMS-UERJ.

MANN, Thomas (2000). *A montanha mágica*. Rio de Janeiro: Nova Fronteira.

MANU, Peter (1998). *Functional Somatic Syndromes*: Etiology, diagnosis and treatment. Cambridge: Cambridge University Press.

MAYOU, Richard; FARMER, Andrew (2002). Functional somatic symptoms and syndromes. *British Medical Journal*, v. 325, p. 265-268.

MAYOU, Richard; KIRMAYER, Laurence J.; SIMON, Greg et al. (2005). Somatoform disorders: Time for a new approach in DSM-V. *American Journal of Psychiatry*, v. 162, n. 5, p. 847-855.

MELLO FILHO, Júlio de (1992). Psicossomática: o diálogo entre a psicanálise e a medicina. In: *Psicossomática Hoje*. Porto Alegre: Artes Médicas.

MYERS, James (1992). Nonmainstream body modification. *Journal of Contemporary Ethnography*, v. 21, n. 3, p. 267-306.

NOVAS, Carlos (2006). The political enonomy of hope: patients' organizaions, science and biovalue. *Biosocieties*, v. 1, p. 289-305.

NOVAS, Carlos; ROSE, Nikolas (2000). Risk and the birth of the somatic individual. *Economy and Society*, v. 29, n. 4, p. 485-513.

―――. Biological citizenship (2004). In: Aihwa Ong; Stephen Collier (org.). *Global Assemblages*: technology, politics, and ethics as anthropological problems. Oxford: Blackwell Publishing, p. 439-463.

NORTHOFF, Georg; SCHWARTZ, Michael; WIGGINS, Osbourne (1992). Psychosomatics, the lived body, and Anthropological Medicine: concerning a case of atopic dermatitis. In: Drew Leder. *The Body in Medical Thought and Practice*. Dordrecht: Kluver Academic Publishers.

OKEN, Donald (2007). Evolution of psychosomatic diagnosis in DSM. *Psychosomatic Medicine*, v. 69, n. 9, p. 830-831.

Organização Mundial de Saúde de Genebra (1993). *Classificação de transtornos mentais e de comportamento da CID-10*. Descrições clínicas e diretrizes diagnósticas. Porto Alegre: Artes Médicas.

ORTEGA, Francisco; VIDAL, Fernando (2007). Mapping the cerebral subject in contemporary culture. RECIIS. Electronic Journal of Communication. *Information & Innovation in Health*, v. 1, n. 2, p. 255-259.

PARENT, Andre (2004). Giovanni Aldini: From Animal Electricity to Human Brain Stimulation. *Canadian Journal of Neurological Sciences*, n. 31, p. 576-584.

RABINOW, Paul (1999). Artificialidade e Iluminismo: Da sociobiologia à biossociabilidade. In: ———. *Antropologia da razão*. Rio de Janeiro: Relume-Dumará, p. 135-157.

RACINE, Eric; ILLES, Judy (2006). Neuroethical responsibilities. *The Canadian Journal of Neurological Sciences*, v. 33, n. 3, p. 269-277.

SHAW, Gordon; RAUSCHER, Frances H.; KY, Katherine N. (1993). Music and spatial task performance. *Nature*, v. 365, p. 611.

——— (1995). Listening to Mozart enhances spatial-temporal reasoning: towards a neurophysiological basis. *Neuroscience Letters*, v. 185, p. 44-47.

REISER, Stanley Joel (1990). *Medicine and the Reign of Technology*. Cambridge: Cambridge University Press.

——— (1993). Technology and the use of the senses in twentieth-century medicine. In: W. F. Bynum; Roy Porter (orgs.). *Medicine and the Five Senses*. Cambridge: Cambridge University Press, p. 262-273.

RIBEIRO, Sidarta (2007). Um século depois, a vez do "NeuroFreud". *O Estado de S.Paulo*, 2 dez.

ROSE, Nikolas (2003). Neurochemical selves. *Society*, v. 41, n. 1, p. 46-59.

——— (1996). The death of the social? Refiguring the territory of government. *Economy and Society*, v. 25, n. 3, p. 327-356.

ROSENBERG, Charles (1989). Body and mind in nineteenth-century medicine: some clinical origins of the neurosis construct. *Bulletin of the History of Medicine*, v. 63, n. 2, p. 185-197.

——— (2002). The tyranny of diagnosis: specific entities and individual experience. Specific entities and individual experience. *The Milbank Quarterly*, v. 80, n. 2, p. 237-260.

———— (2006). Contested boundaries: Psychiatry, disease and diagnosis. *Perspectives in Biology and Medicine*, v. 49, n. 3, p. 407-424.
RÜDIGER, Francisco (1995). *Literatura de autoajuda e individualismo*. Porto Alegre: Editora da UFRGS.
SELYE, Hans (1956). *Stress*: A tensão da vida. São Paulo: IBRASA.
SERPA JR., Octávio Domont de (1998). *Mal-estar na natureza*: estudo crítico sobre o reducionismo biológico em psiquiatria. Rio de Janeiro: Te Corá.
———— (2003). Indivíduo, organismo e doença: a atualidade de "O normal e o patológico" de Georges Canguillem. *Psicologia Clínica*, v. 15, n. 1, p. 121-135.
SFEZ, Lucien (1996). *A saúde perfeita*: crítica de uma nova utopia. São Paulo: Loyola.
SENNET, Richard (1988). *O declínio do homem público*: as tiranias da intimidade. São Paulo: Companhia das Letras.
SIBILIA, Paula (2004). O pavor da carne: riscos da pureza e do sacrifício no corpo-imagem contemporâneo. *Famecos*, v. 25.
———— (2008). *O show do eu*: a intimidade como espetáculo. Rio de Janeiro: Nova Fronteira.
SINCLAIR, Jim (2005). Autism Network International: The Development of a Community and Its Culture. Disponível em http://web.syr.edu/~jisincla/History_of_ANI.html (acesso em dez. 2006).
SHORTER, Edward (1992). *From Paralysis to Fatigue*: A history of psychosomatic illness in the modern era. Nova York: The Free Press.
SOLMS, Mark (1998). Preliminaries for an integration of psychoanalysis and neuroscience. *British Psychoanalytic Society Bulletin*, v. 34, p. 23-37.
STEELE, Kenneth M.; BASS, Karen E.; CROOK, Melissa D. (1999). The mystery of the Mozart effect: Failure to replicate. *Psychological Science*, v. 10, n. 4.
SWEETMAN, Paul (2000). Anchoring the (postmodern) self? Body modification, fashion and identity". In: Mike Featherstone (org.). *Body Modification*. Londres: Sage Publications.
UPIAS (1975). *Fundamental Principles of Disability*. Disponível em http://www.leeds.ac.uk/disability-studies/archiveuk/UPIAS/fundamental%20principles.pdf (acesso em abr. 2007).
VARELA, Francisco J.; THOMPSON, Evan; ROSCH, Eleanor (1991). *A mente incorporada*: ciências cognitivas e experiência humana. Porto Alegre: Artmed.

VESALIUS, André (1987 [1543]). *La Fabrique du corps humain*. Arles: Éditons Actes Sud.

VIDAL, Fernando (2005). Le Sujet cérébral: une esquisse historique et conceptuelle. *Psychiatrie, sciences humaines, neurosciences*, v. 3, n. 11, p. 37-48.

―――― (2009). Brainhood, anthropological figure of modernity. *History of the Human Sciences*, v. 22, n. 1, p. 5-36.

VOLICH, Rubens Marcelo (2000). *Psicossomática*: de Hipócrates à psicanálise. São Paulo: Casa do Psicólogo. Coleção Clínica Psicanalítica.

YANO, Célia (2005). Uma bactéria *sui generis*: Descoberta da *H. pylori* permitiu entender conexão entre infecção crônica, inflamação e câncer. *Ciência Hoje*, 3 out. 2005. Disponível em http://cienciahoje.uol.com.br/3919 (acesso em maio 2008).

WALDBY, Catherine (2002). Stem cells, tissue cultures and the production of biovalue. *Health*, v. 6, n. 3, p. 305-323.

WARE, Norma (1998). Sociosomatics and illness course in chronic fatigue syndrome. *Psychosomatic Medicine*, v. 60, p. 394-401.

WESSELY, Simon; HOTOPF, Matthew; SHARPE, Michael (1998). *Chronic Fatigue Syndrome and its Syndromes*. Nova York: Oxford University Press.

WINOGRAD, M. (2004). Matéria pensante: a fertilidade do encontro entre psicanálise e neurociência. *Arquivos Brasileiros de Psicologia*, v. 56, n. 1, p. 20-33.

Filmografia

Viagem fantástica (*Fantastic Voyage*. Direção: Richard Hayer, 1966).
Erin Brockovich – uma mulher de talento (*Erin Brockovich*. Direção: Steven Soderbergh, 2000).

Lista de sites citados

National Institute of Mental Health (NIMH)
http://www.nimh.nih.gov

National Alliance on Mentally Illness (NAMI)
http://www.nami.org/

CFS Patients Discussion Group
http://cfs-l.home.att.net/

The CFIDS Association of America
http://www.cfids.org/

Trans-NIH Working Group for Research
on Chronic Fatigue Syndrome
http://orwh.od.nih.gov/cfs/cfsReportsFeb00.html

AMA (Associação de Amigos do Autista)
http://www.ama.org.br

AUMA (Associação dos Amigos da Criança Autista)
http://www.autista.org.br

Este livro foi composto na tipologia Swift, em corpo 10/15,
e impresso em papel off-white 80g/m²
no Sistema Cameron da Divisão Gráfica da Distribuidora Record.